赵厚池 编著

抖音电商

▶ 从入门到精通 主播培养 ⊕ 直播运营 ⊕ 用户运营

清华大学出版社
北京

内 容 简 介

想要成为电商主播做直播带货，事先应了解有哪些直播运营的注意事项？如何制作合适的直播带货脚本？作为运营者又如何管理并保障直播间的成功？如何增加更多的粉丝，使他们变成消费者，产生高回头率、高复购率的深度营销？

以上这些关键问题，你都可以从本书找到答案，即使是新手、菜鸟，也可成为带货达人。

本书是笔者作为一个直播基地创始人，结合自身经验，花费了许多时间和精力，专门为从事直播带货的电商主播精心打造的一本直播知识书籍。

本书通过直播知识、能力培养、开播技巧、平台管理、标题设计、内容规划、人气提升、推广引流、数据分析、卖货玩法等多个方面，对抖音直播带货等相关内容进行专业详细的分析，帮助读者快速学会直播带货，并成为一名合格的抖音电商带货达人。

本书适合刚进入直播行业的新人主播、通过抖音卖产品的商家企业、想从事直播带货相关工作的人员，书中提供了完整的直播带货相关知识和技巧，能帮助读者早日成为头部主播，创造带货销量奇迹。

图书在版编目（CIP）数据

抖音电商从入门到精通.主播培养＋直播运营＋用户运营/赵厚池编著. —北京：清华大学出版社，2022.8

ISBN 978-7-302-61457-9

Ⅰ.①抖… Ⅱ.①赵… Ⅲ.①网络营销 Ⅳ.① F713.365.2

中国版本图书馆 CIP 数据核字（2022）第 134905 号

责任编辑：贾旭龙
封面设计：飞鸟互娱
版式设计：文森时代
责任校对：马军令
责任印制：曹婉颖

出版发行：清华大学出版社
  网 址：http://www.tup.com.cn，http://www.wqbook.com
  地 址：北京清华大学学研大厦 A 座 邮 编：100084
  社 总 机：010-83470000 邮 购：010-62786544
  投稿与读者服务：010-62776969，c-service@tup.tsinghua.edu.cn
  质量反馈：010-62772015，zhiliang@tup.tsinghua.edu.cn
印 装 者：小森印刷（北京）有限公司
经 销：全国新华书店
开 本：145mm×210mm 印 张：8.5 字 数：235 千字
版 次：2022 年 10 月第 1 版 印 次：2022 年 10 月第 1 次印刷
定 价：69.80 元

产品编号：096762-01

抖音电商在 2021 年的销售总额约 7000 亿元，远远超过淘宝、快手的电商增速。随着抖音短视频飙升到 10 亿人气，以及自媒体平台的火热，越来越多的人做起了直播，成为主播，以后人人都可以成为主播。

2021 年直播趋势报告增速在 400%，直播已成为电商模式主流和商家标配，而直播如何运营却是个难题。随着竞争差异化以及专业化的要求越来越高，如何进行直播相关技巧的系统学习，正是本书的一个主要内容。

本书共分 12 章，分别从主播培养、直播运营、用户运营 3 个维度出发，帮助读者快速掌握抖音电商直播带货的技巧。

【第 1～4 章】：前 4 章为主播培养篇，主要向读者介绍了直播的前期准备工作，以及培养读者的口才、策划、营销等方面的能力，帮助读者更快、更好地掌握主播直播技巧，快速成为一名优秀的抖音直播达人。

【第 5～8 章】：这部分为直播运营篇，主要是帮助主播了解直播运营的相关知识，其中包括开播技巧、平台助力、标题设计以及直播内容规划等知识，帮助读者快速入门。

【第 9～12 章】：这部分为用户运营篇，主要通过吸粉引流、直播推广、数据分析、带货玩法 4 个方面，帮助主播吸引更多的用户进入直播间，带动直播间的气氛，提高销量。

本书的内容由浅入深，详细、全面地为读者介绍了主播培养的相关技巧，从主播培养、直播运营到用户运营，不管是商家、企业还是个人运营者，都能在本书中找到需要的、实用的内容。

最后希望读者能够将书中的知识全部学会、学透，化为己有，这样在你踏入直播间时，就会更加得心应手，自然平台运营、内容创意和带货也都不在话下。

需要特别提醒的是，在编写本书时，笔者是基于当前各平台和软件截取的实际操作图片，但一本书从编辑到出版需要一段时间，在这段时间里，软件界面与功能可能会有所调整与变化，如有的内容删除了、有的内容增加了，这是软件开发商做的更新，请在阅读时，根据书中的思路，举一反三，进行学习。

本书由赵厚池编著，参与编写的人员还有叶芳、王萍、陈进等，在此表示感谢。由于作者知识水平有限，书中难免有疏漏之处，恳请广大读者批评、指正。

编　者

2022 年 8 月

CONTENTS 目录

01 主播培养篇

02　直播运营篇

03 用户运营篇

E-COMMERCE

Webinar

01 主播培养篇

第1章

直播准备：搭建专业抖音带货直播间

要想在抖音开直播，商家首先要做好一些必要的准备工作，包括直播空间、背景装饰、网络设备、灯光设置、摄像工具、耳麦设备、声卡设备、商品摆放、隔音装置，这些都是搭建专业带货直播间的基础元素。

1.1　打造直播：布置直播间

1.1.1　直播空间：选择合适的直播场地

直播空间主要应考虑房间面积和直播角度两个部分。

1．房间面积

直播的场地面积不宜过小或过大，一般为 20～50m²，如此不仅能够容纳直播设备和主播，还可以摆放足够多的商品。房间面积过小，直播间会显得非常杂乱拥挤。房间面积过大，不仅直播间的装修费用更高，而且整个空间会显得空旷，同时麦克风也容易产生回音，影响观众的观看体验。

2．直播角度

主播在进行直播时，主要可以选择坐姿和站姿两种姿势，如图 1-1 所示，不同的姿势可以选择不同的直播角度。

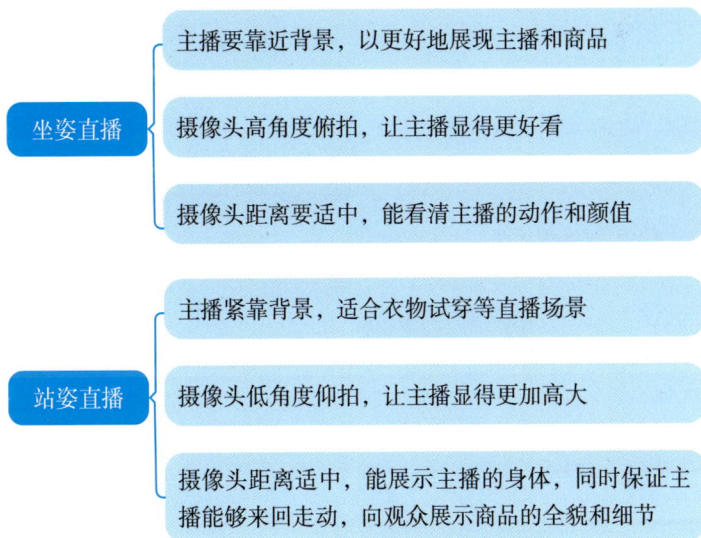

坐姿直播
- 主播要靠近背景，以更好地展现主播和商品
- 摄像头高角度俯拍，让主播显得更好看
- 摄像头距离要适中，能看清主播的动作和颜值

站姿直播
- 主播紧靠背景，适合衣物试穿等直播场景
- 摄像头低角度仰拍，让主播显得更加高大
- 摄像头距离适中，能展示主播的身体，同时保证主播能够来回走动，向观众展示商品的全貌和细节

图 1-1

1.1.2　背景装饰：提升观众的注意力

选择直播间的墙纸或墙漆等背景装饰物时，需要注意的事项如图 1-2 所示。

直播间背景装饰的注意事项

不要选择太刺眼的色彩，否则背景墙面容易反光，影响直播效果

不要选择太花哨的样式，否则容易喧宾夺主

尽量选择简约的背景装饰，从而让观众的目光更多地停留在商品上

图 1-2

如果直播间的背景墙是白色的墙壁，那么商家要尽量用墙漆、墙纸或背景布重新装饰一下，以改善直播间的视觉效果。

1. 墙漆或墙纸

尽量选择饱和度较低的纯色墙漆或墙纸，如莫兰迪色系就是非常好的选择，如图 1-3 所示。或者商家也可以在墙纸上印上品牌的 Logo 或名称，来增强观众对品牌的记忆。

图 1-3

2．背景布

背景布更换比较方便，而且成本也比墙漆或墙纸要低，非常适合新手商家、主播和短视频创作者使用。

> **特别提醒**　商家可以定制一些背景布，做成品牌墙或者漂亮的3D图案墙等，以增强直播间的创意性，吸引更多观众，如图1-4所示。

图 1-4

1.1.3　网络设备：确保直播时不卡顿

直播需要网络，室内直播主要使用 Wi-Fi 等联网方式，户外直播则需要用到无线网卡设备，手机直播可以使用手机卡自带的流量。

尤论选择哪种联网方式，商家都需要确保直播时的网络畅通。上传速度应保持在 20MB/s 左右，这样直播才不会出现卡顿的情况。商家可以使用一些测速软件来查看自己的网速是否达到要求，如图 1-5 所示。

图 1-5

1.1.4 灯光设置：提升商品的吸引力

直播间布光最基本的搭配方案要求相较于拍摄短视频来说要稍低一些，通常只需要一盏顶灯和两盏补光灯即可。

1. 顶灯

顶灯位置最好处于主播的头顶上方两米左右，通常安装在直播间的房顶上，作为整个直播间的主光源，起到照亮主播、商品和环境的作用。商家在购买顶灯设备时，可以挑选一些套装，带有主灯和多个小灯，能够从不同角度照射到主播，让其脸部光线充足，同时可以消除身后的背影，且确保商品不会产生色差。顶灯套装设备如图 1-6 所示。

关于顶灯的功率大小，可以根据直播间的面积来选择，如 20 ~ 30m² 的直播间可以选择 50W 左右的 LED 吸顶灯套装，这样不仅更加节能，还可以更好地控制光线的亮度。

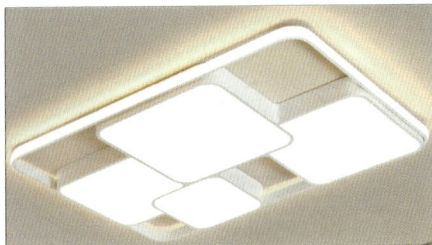

图 1-6

2. 补光灯

如图 1-7 所示，LED 环形灯和柔光灯箱是直播间通常会用到的两盏补光灯，两者搭配使用以增强主播和商品的直播展示效果。

图 1-7

LED 环形灯通常放置在主播的前方，冷色调色温能够消除顶灯产生的阴影，更好地展现主播的妆容造型，以及提升商品的轮廓质感。柔光灯箱则通常是成对的，其光线均匀柔和，色彩饱和度好，层次感更丰富，可以放在主播或商品的两侧。

1.1.5　摄像工具：采集画面增加美感

摄像工具是决定直播效果的关键设备，抖音电商直播对于摄像工具要求不高，能够确保直播画面清晰且不卡顿即可。下面介绍常用的两种摄像工具：手机和计算机。

1．手机

如图 1-8 所示，手机在进行直播时主要用到的是前置摄像头，要求能够达到 1600 万 px 以上，同时手机运行内存建议达到 32GB 以上。另外，如图 1-9 所示，使用手机直播时，需要搭配一个支架，以确保直播时的画面足够稳定。

图 1-8

图 1-9

2．计算机

使用计算机进行直播带货，对 CPU（central processing unit，中央处理器）和内存配置要求较高，尽量选择品牌机或者质量过硬的组装机，避免直播过程中产生机器故障，如图 1-10 所示。

计算机直播还需要购买一款动态捕捉能力强大的摄像头，在直播画面中能够实时展现主播的表情和动作。推荐罗技 C920 摄像头，其拥有 1500 万 px，分辨率可达到 1920×1080，可视角度为 78°，能够保证清晰流畅的直播画面效果，如图 1-11 所示。

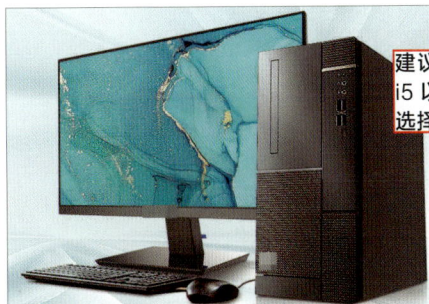

建议 CPU 选择 i5 以上，内存选择 8GB 以上

图 1-10　　　　　　　　　　　图 1-11

1.1.6　耳麦设备：采集声音更加清晰

主播使用的如果是知名品牌的笔记本计算机，则可以直接选用其自带的麦克风（也称为话筒）来进行直播。如果是一般的台式计算机，或其他杂牌笔记本计算机，那么自带的麦克风不仅声音小，还可能有杂音，不推荐使用。

手机的麦克风通常比计算机要好，不仅可以采集到清晰的声音，而且声音的输出也比较稳定、清晰，不过也只适合在比较安静的环境下使用。

因此，为了让直播中的声音效果更加甜美动人，不管是用计算机还是用手机直播，建议准备一个独立麦克风，如图 1-12 所示。

图 1-12

独立麦克风又分为动圈麦克风和电容麦克风两种类型，两者的主要优缺点如图 1-13 所示。

| 动圈麦克风 | 优点：价格低廉，在户外的嘈杂环境下也能清晰收音
缺点：声音比较沉闷，对于人声的还原度不高 |
| 电容麦克风 | 优点：人声的还原度较高，收音效果清晰，声音更集中通透
缺点：价格稍贵，在户外容易录到杂音，只适合在安静的室内环境下使用 |

图 1-13

1.1.7　声卡设备：让声音效果更好听

声卡主要用于处理声音，下面介绍一下手机声卡和计算机声卡的相关知识。

1．手机声卡

市场上比较好的声卡品牌中，如 RME、得胜、莱维特和森然这几个品牌比较适合手机直播。图 1-14 所示为森然（Seeknature）播吧四代（简称播吧Ⅳ）直播声卡的连接方式。

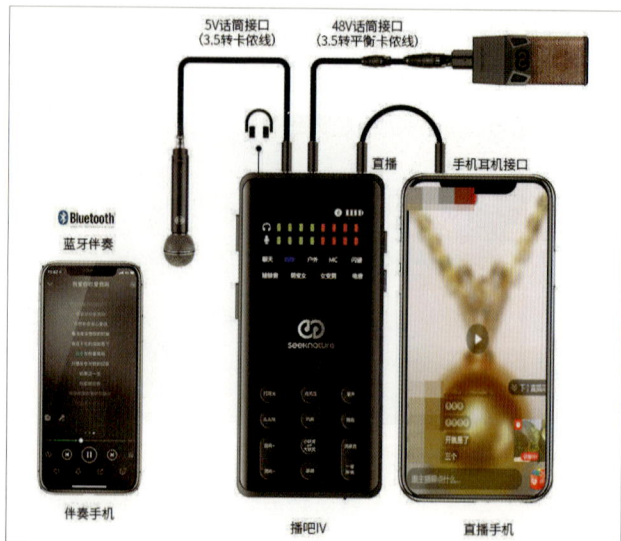

图 1-14

手机声卡的主要优势在于内置大容量电池，能够实现长期续航，性价比较高，而且可以兼容各种 App 和直播平台。

2．计算机声卡

计算机声卡主要包括内置声卡和外置声卡。

（1）内置声卡：通常是计算机主板自带的，或者另外安装的 PCI-E 接口声卡，其价格一般比较便宜，音质效果也比较纯净。图 1-15 所示为创新（Creative）A5 内置声卡。

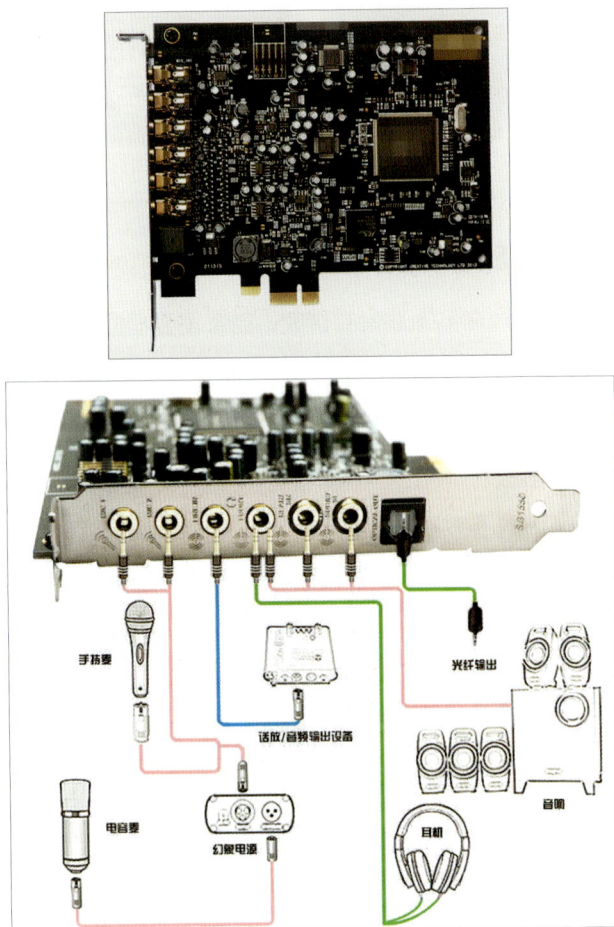

图 1-15

（2）外置声卡：通常价格比较昂贵，但拥有更加丰富的接口和强大的扩展功能，具有更好的声音品质，以及多样化的变音效果和场景音效。图 1-16 所示为艾肯（iCON）4nano 外置声卡。

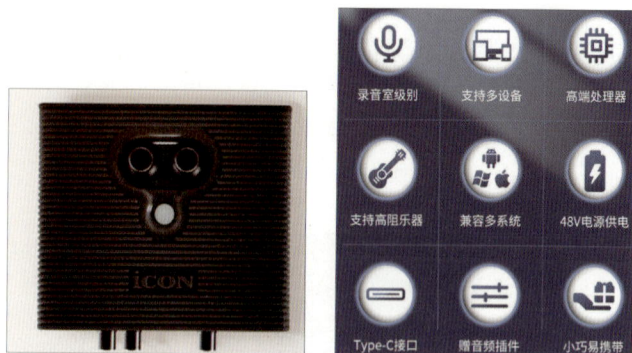

图 1-16

1.1.8 商品摆放：依据商品类目选择

在直播间摆放商品也非常有讲究，商家需要根据直播的商品和类目来选择合理的摆放方式。通常主播会同时介绍多个商品，而且同一个商品也有很多不同的款式。目前主要有以下 3 种商品摆放方式。

1. 货架摆放

货架摆放是指将商品置于货架上，放在主播身后，比较适合鞋子、化妆品、零食、包包以及书籍等商品，如图 1-17 所示。

图 1-17

图 1-18 所示为使用货架摆放商品时需要注意的事项。

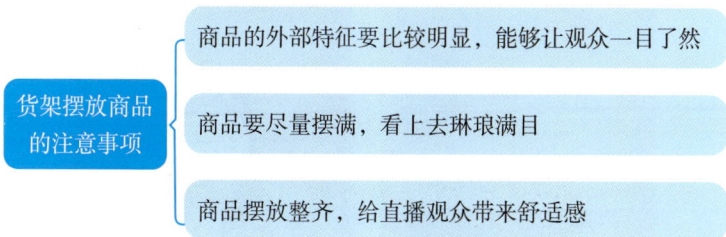

货架摆放商品的注意事项	商品的外部特征要比较明显，能够让观众一目了然
	商品要尽量摆满，看上去琳琅满目
	商品摆放整齐，给直播观众带来舒适感

图 1-18

2．悬挂摆放

用架子将商品悬挂起来，就是悬挂摆放方式。比较适合易于悬挂的商品，如衣服、裤子、雨伞以及毛巾等。悬挂摆放能够让观众对于商品的整体效果有一个更直观的了解，如图 1-19 所示。

图 1-19

3．桌面摆放

将商品直接摆放在桌子上，并放在主播的前面，就是桌面摆放方式。不同类目的商品，摆放方式也有所差别，桌面摆放的相关技巧如下。

（1）美食：在桌面上可以多摆放一些商品，同时主播可以进行试吃，让直播画面显得更加诱人，如图 1-20 所示。

（2）美妆：摆放护肤品或化妆品等商品时，可以按商品系列进行分类摆放，突出商品的丰富程度，如图 1-21 所示。

图 1-20

图 1-21

（3）珠宝：商品一次不要摆放太多，要摆放得整齐一些，可以用包装盒进行收纳衬托，如图 1-22 所示。

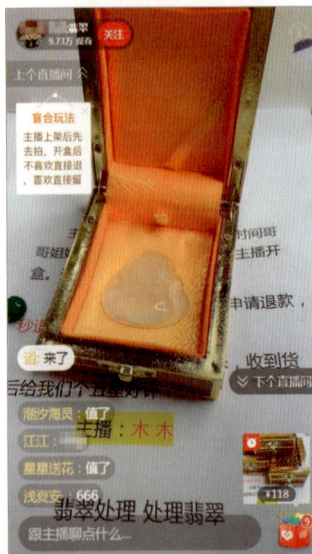

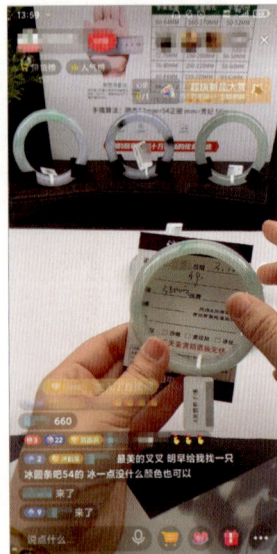

图 1-22

1.1.9　隔音装置：避免其他声音干扰

直播带货主要是通过画面和声音来打动观众，促使他们下单购买商品。因此，商家需要选择一个比较安静的直播场所，并做好直播间的隔音处理。如果直播间本身的隔音效果不好，商家可以购买一些隔音海绵或者防风胶条，将其贴到门窗的缝隙上，或直接贴在墙上，以此来避免附近的杂音干扰，如图 1-23 所示。

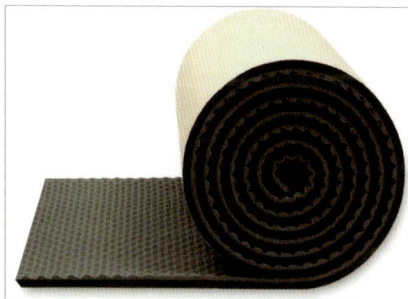

图 1-23

另外，如果想减弱麦克风带来的回声，商家可以在直播间的地面安装地板，并铺上隔音地毯或地垫，如图 1-24 所示。

图 1-24

1.2　直播知识：帮助主播轻松直播

在进行直播之前，必须要了解和掌握关于直播的知识。接下来，笔者将讲述一些知识技能，从不同角度和方向帮助主播更好地进行直播。

1.2.1　吸人眼球：打造视听盛宴

在直播中，好的视听效果能为主播的直播间锦上添花。视觉效果通常会影响人的第一印象，好的形象能吸引人的眼球，获取更多的用户流量。下面笔者总结了几点提升直播间视觉艺术以及听觉艺术的技巧。

1. 直播妆容

因为直播需要面对镜头，所以直播时主播的妆面会比日常的妆容稍重。如果主播的面容太憔悴或者气色不好，会引起粉丝的讨论，尤其是明星的直播。

首先是底妆的选择，底妆需要保持干净、透彻，不能太厚重，可以在上粉底之前，利用遮瑕对肌肤进行一个初步的调整。遮瑕完成之后，选择合适的粉底或者 BB 霜即可。

美瞳、眼线、假睫毛可以让眼睛放大几倍，所以在进行直播时，可以佩戴美瞳，画上眼线。在刷眼影的时候，下眼睑也可以适当涂抹，同时也可以用眼线笔在下眼睑上适当绘制一些假的下睫毛。如果不喜欢假睫毛，可以只用睫毛膏刷一刷睫毛，并用睫毛夹卷一卷。图 1-25 所示为直播眼妆参考。

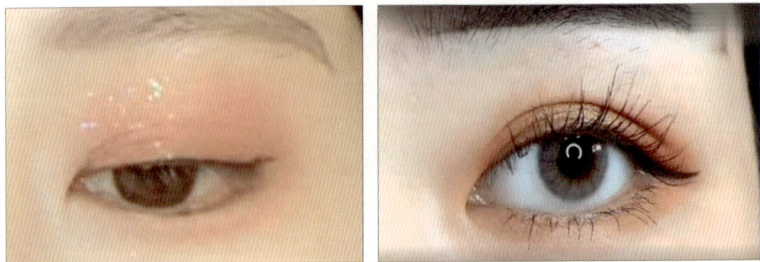

图 1-25

如果是单眼皮，或者觉得自身双眼皮不够明显，可以通过双眼皮贴放大眼睛。双眼皮贴的选择有许多种，如双面型、网纱型、单面型、纤维条、双眼皮胶等。图 1-26 所示为单面双眼皮贴的使用过程。

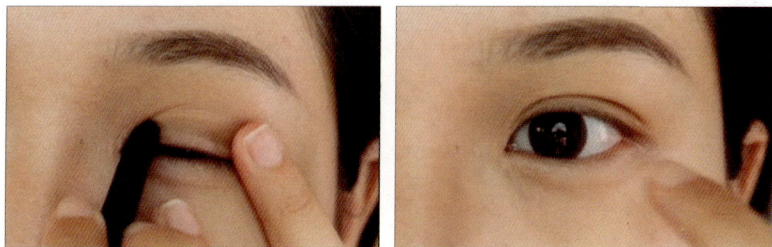

图 1-26

卧蚕也是另一种放大眼睛的方法，对于没有卧蚕的主播可以通过修容笔打造卧蚕。用浅色的修容笔在眼睛下方进行提亮，或者直接选用浅色的眉笔在想拥有的卧蚕下方进行形状的描摹，如图 1-27 所示。

图 1-27

另外，因为镜头上的妆感会被削弱，所以在五官的立体度上需要适当加强，可以选择大地色的哑光眼影对眼睛的轮廓进行加强，让眼睛显得更深邃，在鼻子两侧、脸颊、颧骨下方可以按照自身脸型进行修饰。高光笔可以和修容笔搭配使用。

2. 直播角度

直播的角度可以是正面或者侧面，也可以是全身或者半身，不同的直播类型所需要的角度不同。如服装直播更倾向于全身的出镜，如图 1-28

所示。美食类直播则大多只需要上半身出镜即可，如图 1-29 所示。

图 1-28

图 1-29

3. 直播服饰

在直播服饰的选择上，首先要关注的是服饰的颜色。对于皮肤偏黄或者偏黑的主播来说，可以选择暖色调且饱和度低的颜色，如豆沙粉、樱桃红、雾面蓝、抹茶绿、生姜黄等。白皮肤的主播则可以选择更多其他颜色。

其次是服装的款式。对于瘦小且肩窄的主播可以选择较宽松或者泡泡袖的衣服；身材中等的可以选择 V 领、小 V 领、方领的衣服。此外，佩戴稍大的耳饰，也能修饰脸型。

4．表情管理

表情管理在直播中也非常重要，否则在直播结束后，可能会出现许多表情包式的截图。那么，如何做好表情管理呢？主播可以在线下对着镜子，仔细观察，寻找最适合自己的表情角度。

1.2.2　直播基础：熟悉直播技术

熟悉直播技术是为了促使直播更流畅，同时提升观众的观看体验，进而促使直播获得更多的热度。直播音视频的流程主要有 4 个步骤，首先是音视频的采集，采集完声音和视频之后需要进行美颜滤镜处理，接着是编码压缩，最后是推流。

在音视频的采集中，主要涉及麦克风、声卡这些设备；在美颜滤镜处理中则可以使用灯光效果，除此之外还有一些 VR（virtual reality，虚拟现实）技术等。

1.2.3　主播品质：懂得为人处世

人们总是愿意与懂得为人处世的人交往，因为这样的人会让人在相处的过程中很舒服，在直播中也不例外。直播是主播与众多屏幕对面的观众交流，自然也需要主播懂得为人处世。

主播在直播的过程中，需要与粉丝进行沟通互动，所以作为一个主播，要懂得为人处世，懂得如何与粉丝交流可以让其获得更多的热度。

1.2.4　直播重点：坚守直播初心

主播一定要坚持直播的初心，这样就算在直播中碰到什么不好的事情，也能够更快、更好地调整好心态，并且不断在自己的领域开拓和学习更新的知识，丰富自己，把自己的直播做得更好。

1.2.5 直播选择：发挥自身特长

选择你擅长的领域进行直播，这样可以让你的直播更顺畅。如果你擅长化妆，就可以进行美妆类直播，美妆类直播也能够进行直播带货。同时，美妆类也分为教程类、推荐类等。教程类一般是通过主播在直播间直播美妆教程，这种偏向于技术类。现在许多美妆主播也是两者都兼顾的，两者的界限也并非那么明确。

1.2.6 主播必备：懂得推广自己

作为一个主播，尤其是个人主播，懂得如何推广自己是非常重要的。在此之前，你需要找到与你有着相同喜好的用户，然后从同一个爱好圈出发，从圈内出名到网络知名。这个过程并不容易，所以需要有足够的耐心以及坚持不懈的精神。

只有懂得推广自己，直播间才能吸引更多的粉丝，直播间内的商品销售量才能够增加。

1.2.7 直播谨记：避免直播误区

在直播时，我们需要注意以下几个误区。

1. 依赖第三方

很多企业因为看准了第三方直播平台的用户数量多，流量大，所以常常借助泛娱乐直播平台进行直播营销。实际上这种做法是非常不可取的，因为对于企业而言，这些第三方直播平台的用户与企业不一定完全对口。

因此，如果企业在诸如花椒、映客等直播平台进行直播的话，换来的可能只是表面上的虚假繁荣，犹如"泡沫经济"，并不能实现营销的最优效果。

此外，网络环境也是利用第三方直播平台进行直播需要考虑的一个问题。一般大型的发布会现场，网络信号时常不稳定，会出现卡顿的情况，而移动网络就更时常如此，这将会严重影响用户的观看体验。

因此，企业在利用直播宣传时，可以通过与专业的直播平台展开合作，如抖音，充分利用其成熟的技术，不仅能解决直播中卡顿的问题，而且可以让直播更加顺畅。

2. 盲目从众

视频直播不仅是一个风靡一时的营销手段，还是一个能够实实在在为商家带来盈利的优质平台。当然，商家要注意的是，不能把视频直播片面地看成一个噱头，而要采取一定的方式，大大提高营销转化的效果。

特别是对于一些以销售为主要目的的商家而言，单单利用网红打造气势，还不如直接让用户在视频直播平台中进行互动，从而调动用户参与的积极性。

3. 侵犯他人

在直播内容方面，存在侵犯他人肖像权和隐私权的问题。如一些网络直播将商场、人群作为直播背景，全然不顾别人是否愿意出镜，这种行为极有可能侵犯他人肖像权和隐私权。

自从视频直播逐渐渗入人们的日常生活后，用户已经没有隐私，且成为别人观看的风景或他人谋利的工具。隐私权的关键有两方面：第一，隐私权具有私密性的特征，权利范围由个人决定；第二，隐私权由自己控制，公开什么信息全由个人决定。

当我们处在公共领域时，并不意味着我们就自动放弃了隐私权，可以随意被他人上传直播平台。我们可以拒绝他人的采访，也有权决定是否出现在视频直播之中，因为在公有空间中我们有权行使隐私权。所以，在直播中出现这种非法侵权行为是非常错误的。

4. 逃避纳税

对于视频直播这个行业，利润丰厚是众所周知的，很多主播也是看中了这其中的高收入，才会蜂拥而上。

据说人气火爆的主播月薪上万元很普遍，再加上直播平台的吹捧，年薪甚至会达到千万元。这样可观的收入就涉及了缴税的问题，如与直播中的主播类似的明星也会出现逃税的问题。逃税会构成刑事犯罪，如果主播逃税，不仅是对其自身，而且对整个直播行业也会造成极其恶劣的影响。

第2章
口才能力：
销售精英助主
播快速成交

主播在直播的过程中，最需要的就是和粉丝进行互动和沟通，通过自己的表达技巧来吸引粉丝的目光与获取流量，从而将商品销售出去，提高自己的带货效果。本章将介绍直播带货的一些表达技巧，帮助主播增加粉丝下单的积极性。

2.1　语言能力：打造一流的直播带货口才

出色的电商主播都拥有强大的语言能力，有的主播会讲多种语言，让直播间多姿多彩；有的主播讲段子张口就来，让直播间妙趣横生。那么，主播该如何提高语言能力、打造一流的口才呢？本节将从 3 种语言角度为主播讲解提高语言能力的方法，包括表达语言、聊天语言以及销售语言。

2.1.1　表达语言：提高直播节目的质量

一个人的语言表达能力在一定程度上体现了这个人的情商。对于抖音平台上的主播来说，可以从以下几个方面来提高自己的语言表达能力。

1. 注意语句表达

在语句的表达上，主播需要注意以下两点。

❖　主播需要注意话语的停顿，把握好节奏。

❖　主播的语言表达应该连贯，听起来自然流畅。

如果主播说话时口齿不够清晰，可能会在观众接收信息时造成误解。另外，主播可以在规范用语的基础上展现个人特色，形成个性化与规范化的统一。总体来说，主播的语言表达需要具有的特点包括规范性、分寸感、感染性和亲切感，如图 2-1 所示。

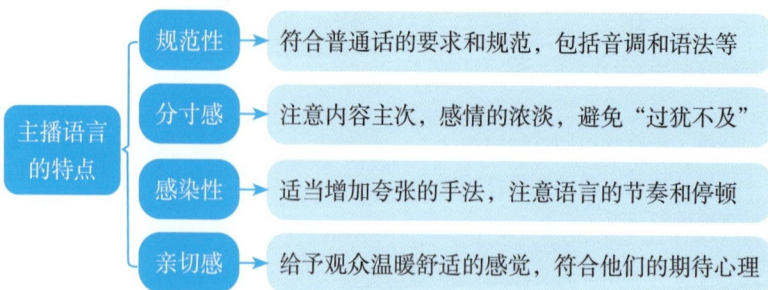

主播语言的特点		
	规范性	符合普通话的要求和规范，包括音调和语法等
	分寸感	注意内容主次，感情的浓淡，避免"过犹不及"
	感染性	适当增加夸张的手法，注意语言的节奏和停顿
	亲切感	给予观众温暖舒适的感觉，符合他们的期待心理

图 2-1

2．注意把握时机

在直播带货的过程中，选择正确的说话时机也是非常重要的，这也是主播语言能力高的一种体现。主播可以通过观众评论的内容，来思考他们的心理状态，从而在合适的时机发表言论，这样观众才会乐于接受主播推荐的商品。

3．结合肢体语言

有时单一的话语可能不足以传达商品的优势，因此主播可以借助动作和表情进行辅助表达，而且借助一定的动作可以使语言更显张力，如图 2-2 所示。

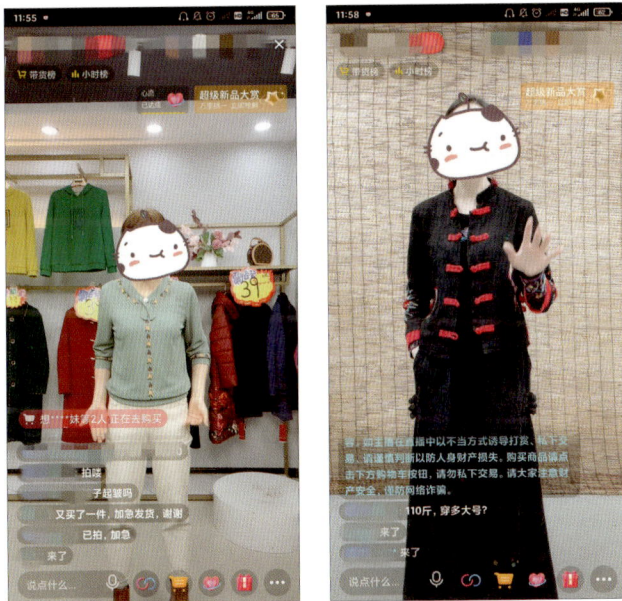

图 2-2

4．自身知识积累

主播可以在线下注重提高自身的修养，多阅读，多积累相关的知识，增加自己的知识储备。大量阅读可以提高一个人的逻辑能力与语言组织能力，进而帮助主播更好地进行语言表达。

5. 进行有效倾听

懂得倾听是一种可贵的修养，抖音上的带货主播也要学会倾听观众的心声，了解他们的需求，才能更快地把商品销售出去。

在主播和观众的互动过程中，虽然表面上看来是主播占主导位置，但实际上是以观众为主。观众愿意看直播的原因就在于能与自己感兴趣的人进行互动，主播要想了解观众关心什么、想要讨论什么话题，就一定要认真了解观众的心声和反馈。

2.1.2　聊天语言：让你的直播间嗨翻天

主播在抖音直播间带货时如果不知道如何聊天怎么办？为什么有的主播能一直聊得火热？那是因为你没有掌握正确的聊天技能。下面笔者为大家提供一些直播聊天的小技巧，为主播解决不会聊天的烦恼。

1. 感恩心态：随时感谢观众

如果在直播的过程中主播对细节不够重视，那么观众就会觉得主播不专业。在这种情况下，直播间的粉丝很可能会快速流失。但如果主播对细节足够重视，观众就会觉得他是在用心直播。当观众在感受到主播的用心之后，也会更愿意关注主播，并下单购物。

在直播的过程中，主播应该随时感谢观众，尤其是进行打赏的观众，还有新进入直播间的观众。除了表示感谢之外，主播还要通过认真回复观众的评论，让观众感受到你对他们是很重视的，这也是一种留住粉丝的有效方法。

2. 换位思考：多为他人着想

当观众表达个人建议的时候，主播首先要站在观众的角度，进行换位思考，这样更容易了解观众的感受。主播可以通过学习以及察言观色来提升自己的思想和阅历。此外，察言观色的前提需要心思细腻，主播可以细致地观察直播时以及线下互动时观众的态度，并且进行思考和总结，用心去感受观众的态度，并多为他人着想。"为他人着想"主要体现在图 2-3 所示的 3 个方面。

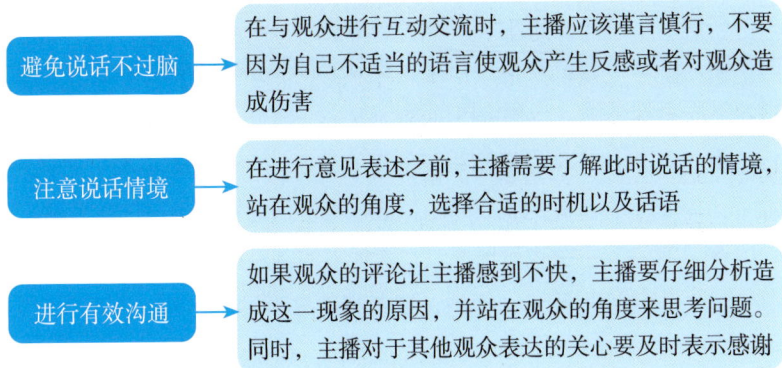

避免说话不过脑	在与观众进行互动交流时，主播应该谨言慎行，不要因为自己不适当的语言使观众产生反感或者对观众造成伤害
注意说话情境	在进行意见表述之前，主播需要了解此时说话的情境，站在观众的角度，选择合适的时机以及话语
进行有效沟通	如果观众的评论让主播感到不快，主播要仔细分析造成这一现象的原因，并站在观众的角度来思考问题。同时，主播对于其他观众表达的关心要及时表示感谢

图 2-3

3. 低调直播：保持谦虚态度

主播在面对观众的夸奖或批评时，应该保持谦虚礼貌的态度，就算成了热门的主播也需要保持谦虚。谦虚耐心会让主播获得更多粉丝的好感，也能让主播的直播生涯更加顺畅，并获得更多的粉丝流量。

4. 把握尺度：懂得适可而止

主播在直播聊天的过程中，说话时要注意把握好尺度，不要口无遮拦，要懂得适可而止。例如，许多主播便是因为开玩笑过度而遭到抵制。因此，要懂得适可而止在直播中的重要性。

还有的主播为了能出名，故意蹭一些热度，或者发表一些负能量的话题，以此来引起观众的热议，增加自身的热度。这种行为往往都会玩火自焚，不仅会遭到大家的唾弃，还可能会被平台禁播。如果在直播中主播不小心说错了话，惹得观众愤怒，此时主播应该及时向观众道歉。

5. 幽默技巧：提升直播氛围

幽默风趣的主播更容易获得观众的喜爱，而且幽默还能体现出主播个人的内涵和修养。所以，一个专业的抖音带货主播，也必然少不了幽默技巧。在生活中，很多幽默故事就是由生活的片段和情节改编而来的，因此掌握幽默技巧的第一步就是收集搞笑的段子和故事等素材，然后合理运用，先模仿再创新。

- ❖ 首先，主播可以利用生活中收集来的一些幽默素材，将其牢记于心，做到脱口而出，这样能够快速培养自己的幽默感。
- ❖ 其次，主播也可以通过观看他人的幽默段子和热门的"梗"，再到直播间进行模仿，或者利用故事讲述出来，让观众忍俊不禁。

很多人都喜欢听故事，而主播在故事中穿插幽默的语言，则会让观众更加全神贯注，将身心都投入主播的讲述之中。

2.1.3　销售语言：提高主播的变现能力

在抖音直播中，主播要想赢得流量，获取观众的关注，那么就需要把握住观众的心理，并且在聊天时投其所好。下面介绍 5 种提高主播销售语言能力的方法。

1. 提出问题：直击消费者的痛点、需求点

主播在介绍商品之前，可以先利用场景化的内容，表达自身的感受和烦恼，与观众进行聊天，进而引出消费者关注的痛点、需求点，并且配合助播和场控一起保持话题的活跃度。

2. 放大问题：尽可能放大用户忽略的细节

主播在提出问题之后，还可以将细节问题尽可能全面化放大。例如，买家是微胖女孩，有的衣服是有点显胖的，所以她们在买衣服的时候会关注衣服会不会显瘦。主播便可以从观众评论中收集这些问题，然后通过直播将所有细节问题一一进行描述，来突出自己的商品优势，

如图 2-4 所示。

图 2-4

3．引入商品：用商品解决前面提出的问题

主播讲述完问题之后，可以引入商品来解决问题。主播可以根据用户痛点需求的关注程度，来排列商品卖点的优先级，全方位地展示商品信息，以吸引用户。

总之，主播只有深入了解自己的商品，对商品的生产流程、材质类型和功能用途等信息了如指掌，才能在直播中将商品的真正卖点说出来。

4．提升高度：详细地讲解商品的附加值

引出商品之后，主播还可以从 3 个角度对商品进行讲解，图 2-5 所示为商品增加附加值。

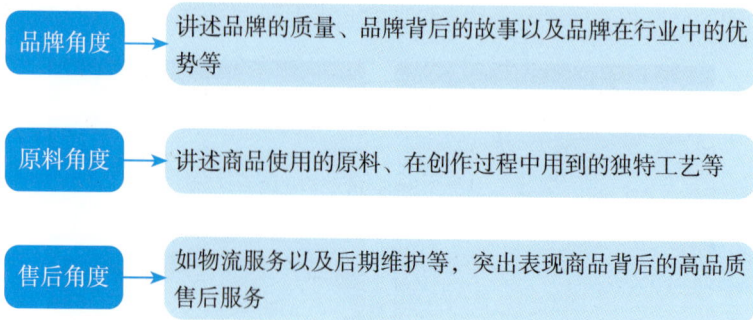

品牌角度	讲述品牌的质量、品牌背后的故事以及品牌在行业中的优势等
原料角度	讲述商品使用的原料、在创作过程中用到的独特工艺等
售后角度	如物流服务以及后期维护等，突出表现商品背后的高品质售后服务

图 2-5

5. 降低门槛：击破消费者购买的心理防线

最后一个方法是降低门槛，讲完优势以及增加附加值后，主播应该提供给观众本次购买的福利，或者利用限制数量来制造紧张氛围，让观众产生消费冲动，引导他们在直播间下单。

2.2 表达模板：让直播商品更容易卖出去

主播在直播带货过程中，除了要把商品很好地展示给观众以外，最好还要去掌握一些直播带货技巧和表达技巧，这样才可以更好地进行商品的推销，提升主播自身的带货能力，从而让主播的商业价值得到提升。

由于每一个买家的消费心理和消费关注点都是不一样的，在面对合适且有需求的商品时，仍然会由于各种细节因素，导致最后没有下单。面对这种情况，主播就需要借助一定的销售技巧和话语来突破买家最后的心理防线，促使他们完成下单行为。

本节笔者将向大家介绍几种抖音直播带货的技巧和语句模板，以帮助主播提升带货能力，让直播间的商品销量更上一层楼。

2.2.1 介绍法：把商品优点讲出来

介绍法是介于提示法和演示法之间的一种方法。主播在抖音直播间进行直播带货时，可以用一些生动形象且有画面感的话语来介绍商品，从而达到劝说观众购买商品的目的。图 2-6 所示为介绍法的 3 种操作方式。

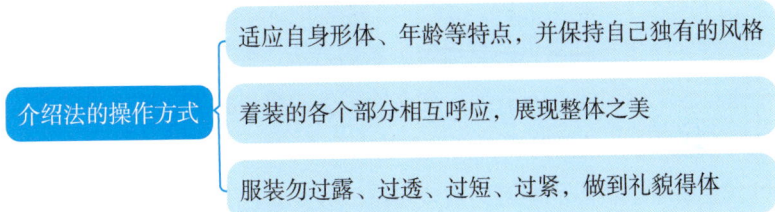

介绍法的操作方式
- 适应自身形体、年龄等特点，并保持自己独有的风格
- 着装的各个部分相互呼应，展现整体之美
- 服装勿过露、过透、过短、过紧，做到礼貌得体

图 2-6

1．直接介绍

直接介绍是指主播直接向观众介绍和讲述商品的优势和特色，让观众快速了解商品的卖点。这种方式的最大优势就是非常节约时间，能够直接让观众了解商品的优势，省却不必要的询问过程。

例如，对于服装商品，主播可以这样说："这款服饰的材质非常轻薄贴身，很适合夏季穿着。"这就是通过直接介绍的方式提出服装的材质优势，来吸引更多的观众前来购买。

2．间接介绍

间接介绍是指通过向观众介绍与商品密切相关的其他事物，来引出商品。例如，主播想向观众介绍服装的质量，不要直接说服装的质量有多好，而应介绍服装采用的面料来源、成分构成，以间接的方式表达服装的质量上乘和值得购买。

3．逻辑介绍

逻辑介绍是指主播采取逻辑推理的方式，通过层层递进的语言将商品的卖点讲出来，整个语言的前后逻辑和因果关系非常清晰，更容易让观众认同主播的观点。

例如，主播在进行服装带货时，可以向顾客说："买几杯奶茶的钱就可以买到一件美美的衣服，你还有什么可犹豫。"这就是一种较为典型的逻辑介绍法，表现为以理服人、顺理成章，说服力很强。

2.2.2 赞美法：让观众更向往商品

赞美法是一种常见的直播带货表达方法，因为每个人都喜欢被人称赞，喜欢得到他人的赞美。在这种赞美的情景之下，被赞美的人很容易情绪高涨，从而购买主播推荐的商品。

主播可以将商品能够为观众带来的改变说出来，告诉观众在他们使用了商品后，会变得怎么样，通过赞美的语言来为观众描述梦想，让观众对商品心生向往。下面介绍一些赞美法的相关技巧，如图 2-7 所示。

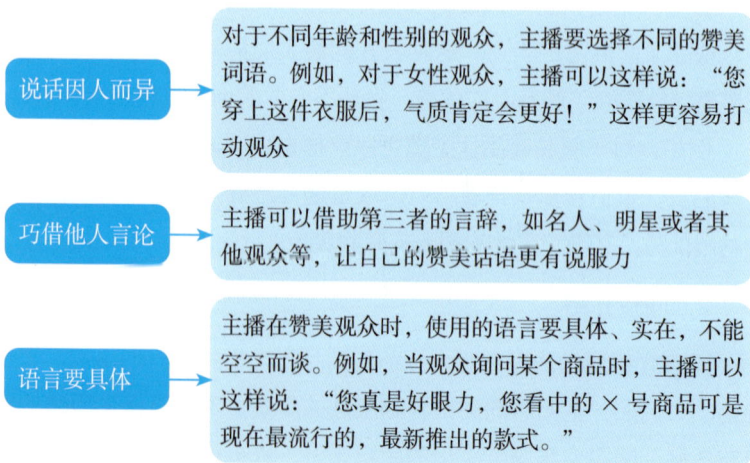

说话因人而异	对于不同年龄和性别的观众，主播要选择不同的赞美词语。例如，对于女性观众，主播可以这样说："您穿上这件衣服后，气质肯定会更好！"这样更容易打动观众
巧借他人言论	主播可以借助第三者的言辞，如名人、明星或者其他观众等，让自己的赞美话语更有说服力
语言要具体	主播在赞美观众时，使用的语言要具体、实在，不能空空而谈。例如，当观众询问某个商品时，主播可以这样说："您真是好眼力，您看中的 × 号商品可是现在最流行的，最新推出的款式。"

图 2-7

另外，"三明治赞美法"也是赞美法中比较受推崇的一种方法，它的表达方式：首先根据对方的表现来称赞他的优点；然后再提出希望对方改变的不足之处；最后重新肯定对方的整体表现状态。通俗的意思，就是先褒奖，再说实情，再说一个总结的好处。

例如，当观众担心自己的身材不适合穿这件裙子时，主播就可以这样说："这条裙子不挑人，大家都可以穿，虽然你可能有点不适合这款裙子的板型，但是你非常适合这款裙子的风格，不如尝试一下，看看效果。"

2.2.3　强调法：重要的话要说三遍

强调法就是需要主播不断地向观众强调这款商品是多么好，多么适合他，类似于"重要的话要说三遍"。

当主播想大力推荐一款商品时，就可以通过强调法来营造一种热烈的氛围，观众在这种氛围的引导下，会不由自主地下单。强调法通常用于在直播间催单，能够让犹豫不决的观众立刻行动起来，相关技巧如图 2-8 所示。

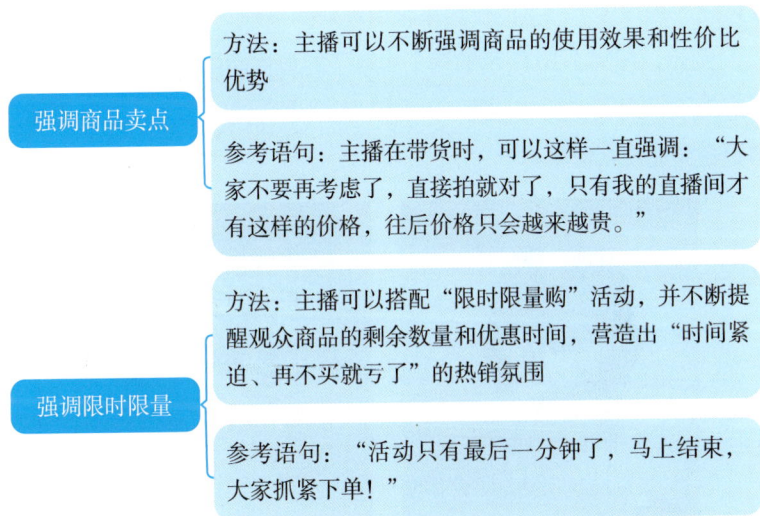

强调商品卖点

方法：主播可以不断强调商品的使用效果和性价比优势

参考语句：主播在带货时，可以这样一直强调："大家不要再考虑了，直接拍就对了，只有我的直播间才有这样的价格，往后价格只会越来越贵。"

强调限时限量

方法：主播可以搭配"限时限量购"活动，并不断提醒观众商品的剩余数量和优惠时间，营造出"时间紧迫、再不买就亏了"的热销氛围

参考语句："活动只有最后一分钟了，马上结束，大家抓紧下单！"

图 2-8

2.2.4　示范法：创造真实场景模式

示范法也叫示范推销法，要求主播把要推销的商品，通过亲自试用来给观众进行展示，从而激起观众进行购买。

由于直播带货的局限性，观众无法亲自试用商品，这时就可以让主播代替他们来试用商品，从而让观众更直观地了解到商品的试用效

果。图 2-9 所示为示范法的操作思路。

灵活展示 ➡️ 在直播间灵活展示自己的商品，引起观众的兴趣

演示讲解 ➡️ 善于演示和讲解直播商品，激发大量观众下单购买

图 2-9

示范法涉及的方法和内容较复杂，因为不管是商品陈列摆放或者当场演示，还是主播展示商品的试用、试穿或试吃等方式，都可以称之为示范法。

示范法的主要目的就是让观众达到一种亲身感受商品优势的效果，同时通过展示商品的优势来吸引观众的兴趣。

例如，在图 2-10 所示的两个卖鞋子的直播间中，主播一边讲解鞋子的外观特点和主要材质等，一边向观众进行试穿演示，这种直播内容更容易让观众信服。

图 2-10

2.2.5 限时法：直接解决顾客犹豫

限时法是指主播直接告诉观众，本场直播在举行某项优惠活动，这个活动到哪天截止，在这个活动期，观众能够得到的优惠是什么。此外，主播还需要提醒观众，在活动期结束后再想购买，就要花更多的钱。

例如："亲，这款皮鞋我们现在正做优惠降价活动，今天就是最后一天了，您还不考虑入手一双吗？过了今天价格就会回到原始价位，和现在的价位相比，足足多了几百元呢！如果您喜欢的话得尽快下单哦，机不可失，时不再来。"

主播在直播间向观众推荐商品时，可以积极运用限时法，给他们造成紧迫感。图 2-11 所示为运用了限时法的直播间，通过设置一个秒杀时间让观众去购买商品，观众只有在规定的时间内购买，才能获得优惠。

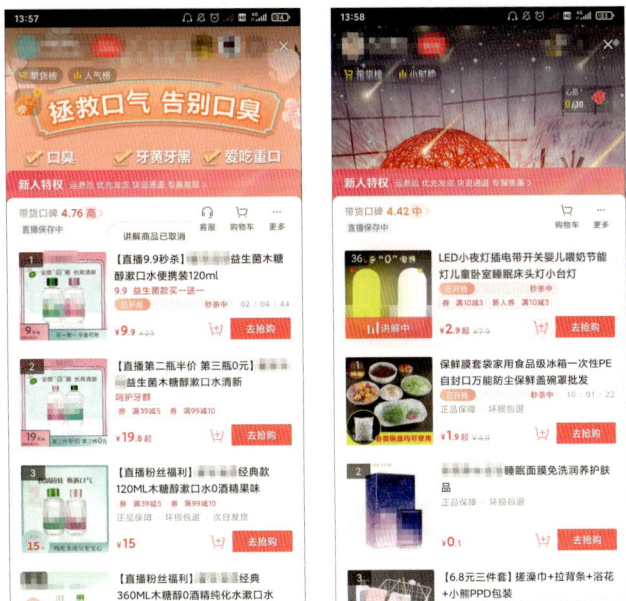

图 2-11

使用限时法催单时，商家还需要给直播商品开启"限时限量购"活动，这是一种通过对折扣促销的商品货量和销售时间进行限定，来实现"饥饿营销"的目的，可以快速提升店铺人气和 GMV（gross merchandise volume，成交总额）。

商家可以在抖店商家后台的"营销中心→营销工具"页面，❶单击"限时限量购"按钮进入其界面；❷单击"立即创建"按钮，如图 2-12 所示。

图 2-12

执行操作后，进入"设置基础规则"页面，如图 2-13 所示。商家可以在此设置活动类型和活动名称等，并添加直播商品作为活动商品。创建限时限量购活动后，商家可以获得独有标签，吸引更多买家点击。

图 2-13

2.3　营造氛围：调节氛围让直播间不尬场

在抖音平台上，直播作为一种卖货的方式，主播要通过自己的言行在整个环境氛围上营造出紧张感，给观众带来时间压力，刺激他们在直播间内下单。

主播在直播带货时，必须要时刻保持高昂的精神状态，将直播视为现场演出，这样观众也会更有沉浸感，更愿意去下单。本节将介绍一些在直播带货中营造氛围的相关表达技巧，帮助主播更好地去引导观众下单。

2.3.1　开场招呼：念出观众的名字

主播在开场时要记得跟观众打招呼，下面是一些常用的开场模板。

❖ "大家好，主播是新人，刚做直播不久，如果有哪些地方做得不够好，希望大家多包容，谢谢大家的支持。"

❖ "我是 ××，将在直播间给大家分享 ×××，而且还会每天给大家带来不同的惊喜哟，感谢大家捧场！"

❖ "欢迎新进来的宝宝们，来到 ×× 的直播间，支持我就点个关注吧！"

❖ "欢迎 ×× 进入我的直播间，×× 商品现在下单有巨大优惠哦，千万不要错过了哦！"

❖ "新进来的宝宝们，记得点个关注哦，关注了稍后会有大礼送出。"

如果进入直播间的人比较少，此时主播还可以念出每个人的名字，下面是一些常用的打招呼模板。

❖ "欢迎 ××× 来到我的直播间。"

❖ "嗨，××× 你好！"

- ❧ "哎，我们家 ××× 来了。"
- ❧ "又看到一个老朋友，×××。"

当观众听到主播念到自己的名字时，通常会有一种亲切感，这样观众关注主播和下单购物的可能性也会更大。另外，主播也可以发动一些老粉丝去直播间跟自己聊天，带动其他观众进行评论互动。

2.3.2 时间压力：善用语言魅力带货

很多与时间相关的心理学实验都得出了一个共同的结论，那就是"时间压力"的作用。

- ❧ 在用数量型信息来营造出超大的时间压力环境下，消费者很容易产生冲动性的购买行为。
- ❧ 在用内容型信息来营造出较小的时间压力环境下，消费者在购物时则会变得更加理性。

下面介绍一些能够增加"时间压力"的带货语句模板。

（1）参考语句："6号商品赶紧拍，主播之前已经卖了10万件！"

分析：用销量数据来说明该商品是爆款，同时也能辅助证明商品的质量可靠性，从而暗示观众该商品很好，值得购买。

（2）参考语句："×× 商品还有最后5分钟就恢复原价了，还没有抢到的朋友要抓紧下单了！"

分析：用倒计时来制造商品优惠的紧迫感和稀缺感，让观众产生"自己现在不在直播间下单的话，就再也买不到这么实惠的价格"的想法。

（3）参考语句："×× 商品主播自己一直在用，现在已经用了3个月了，效果真的非常棒！"

分析：主播通过自己的使用经历，为商品做担保，让观众对商品产生信任感，激发他们的购买欲望。需要注意的是，同类型的商品不能每个都这样说，否则就显得太假了。

（4）参考语句："这次直播间的优惠力度真的非常大，工厂直销，全场批发，宝宝们可以多拍几套，价格非常划算，下次就没有这个价了。"

分析：主播通过反复强调优惠力度，同时抛出"工厂直销"和"批发"等字眼，会让观众觉得"商家已经没有利润可言，这是历史最低价"，吸引他们大量下单，从而提高客单价。

（5）参考语句："直播间的宝宝们注意了，×× 商品的库存只有最后 100 件了，抢完就没有了哦，现在拍能省 ×× 元，还赠送一个价值 ×× 元的小礼品，喜欢的宝宝直接拍。"

分析：主播通过商品的库存数据，来暗示观众这个商品很抢手，同时还利用附赠礼品的方式，来超出观众的预期价值，达到更好的催单效果。

（6）参考语句："×× 商品在店铺的日常价是 ×× 元，去外面买会更贵，一般要 ×× 元，现在直播间下单只需 ×× 元，所以主播在这里相当于给大家直接打了 5 折，价格非常划算了。"

分析：主播通过多方对比商品的价格，来突出直播间的实惠，让观众放弃去其他地方比价的想法，从而在自己的直播间下单。

主播在直播带货时也可以利用"时间压力"的原理，通过自己的语言魅力营造出一种紧张状态和从众心理，来降低观众的注意力，同时让他们产生压力，忍不住抢着下单。

2.3.3　暖场互动：拉近与观众的关系

在抖音直播中，主播也需要和观众进行你来我往的频繁互动，这样才能营造出更火热的直播氛围。因此，主播可以利用一些互动话题，吸引观众深度参与到直播中，相关技巧如图 2-14 所示。

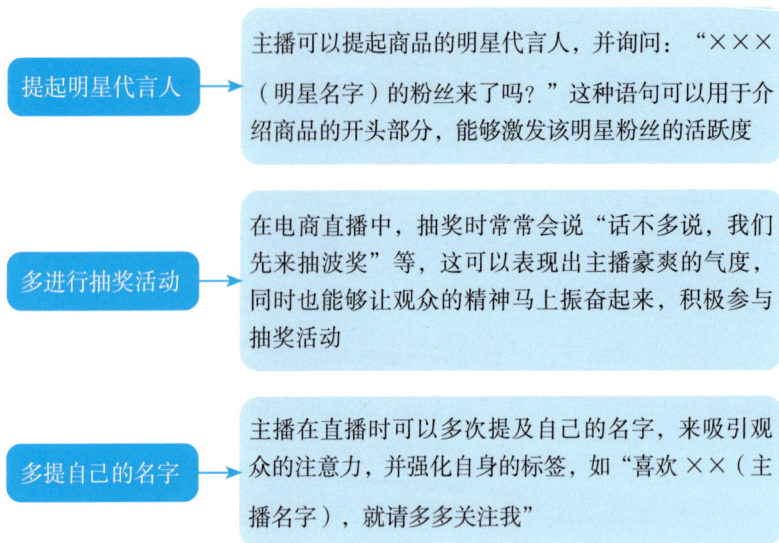

提起明星代言人	主播可以提起商品的明星代言人，并询问："×××（明星名字）的粉丝来了吗？"这种语句可以用于介绍商品的开头部分，能够激发该明星粉丝的活跃度
多进行抽奖活动	在电商直播中，抽奖时常常会说"话不多说，我们先来抽波奖"等，这可以表现出主播豪爽的气度，同时也能够让观众的精神马上振奋起来，积极参与抽奖活动
多提自己的名字	主播在直播时可以多次提及自己的名字，来吸引观众的注意力，并强化自身的标签，如"喜欢××（主播名字），就请多多关注我"

图 2-14

2.3.4 观众提问：积极回复引导互动

　　许多观众之所以会对主播进行评论，主要就是因为他对于商品或直播中的相关内容感兴趣。针对这一点，主播在策划直播脚本时，应尽可能地选择一些能够引起观众讨论的内容。这样的直播自然会有观众感兴趣的点，而且观众参与评论的积极性也会更高。

　　当观众对主播进行提问时，主播一定要积极做好回复，这不仅是态度问题，还是获取观众好感的一种有效方法。下面总结了一些抖音直播间中观众常提的问题和对应的解答技巧，可以帮助主播更好地回复观众并引导他们互动。

1. 问题 1："看一下 xx 商品"

　　第一个常见的提问为"看一下 ×× 商品"或"× 号宝贝试一下"，

观众在评论中提出需要看某个商品或款式。这一类型的提问表示观众在观看直播的时候，对该商品产生了兴趣，想要主播进行讲解，所以提出了这个问题，如图 2-15 所示。如果主播方便的话，或者时间比较充裕，则可以马上拿出商品进行试用或试穿，同时讲解商品的功能和价格等方面的优势，引导观众去下单。

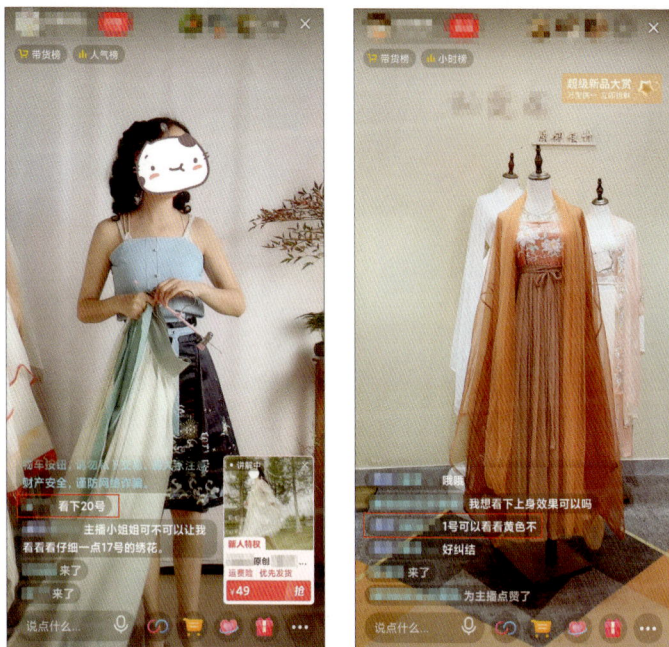

图 2-15

2．问题 2："主播多高多重？"

第二个常问的问题是主播的身高和体重，如图 2-16 所示。在直播间中，通常会通过公告牌、文字、小黑板或图片来展示主播的身高与体重信息，但观众可能没有注意到这些细节，如图 2-17 所示。

图 2-16

图 2-17

此时，主播可以直接回复观众自己的身高和体重，或提醒他们查看直播间内展示的身高、体重信息。

3．问题 3："身高 xxx，体重 xx 的能穿吗？"

这类问题一般在服饰类的直播间内经常出现，观众在看到好看的衣服的时候，一般都会在下面留下评论："身高 ×××，体重 ××的能穿吗？"对于这类问题，主播可以让观众提供具体身高和体重信息，并给予合理的意见，或者询问观众平时所穿的尺码，如图 2-18 所示。

在卖连衣裙的直播间，主播可以说自己的商品是标准尺码，平时穿 L 码的观众可以直接选择 L 码，也可以自行测量一下自身的腰围，再参考裙子详情页中的详细尺码信息，来选择适合自己的尺码。

图 2-18

4．问题 4："主播怎么不理人"

有时候观众会问主播"为什么不理人"，或者责怪主播没有理会他。这时候主播需要安抚该观众的情绪，可以回复说没有不理，并且建议观众多刷几次评论，主播就能看见了。如果主播没有及时安抚观众的情绪，可能就会丢失这个潜在客户。

5．问题 5："什么时候发货？"

发货的时间是下单观众最关注的问题，如图 2-19 所示。一般观众买到了自己非常喜欢的物品，便会迫不及待地想要拿到那个物品，因此就迫切地想要知道具体的发货时间。对于这一类问题，主播只要在观众提出问题的时候，真实地进行解答就可以了。

图 2-19

6．问题6："五号宝贝多少钱？"

最后一个问题是针对观众观看直播，但是他没有看商品的详情介绍，而提出的相关价格方面的问题。对于此类问题，主播可以引导观众在直播间领券下单，或者告诉观众关注店铺可享受优惠价。

2.3.5　卖货技巧：把气势和氛围做足

对于抖音电商的主播来说，卖货是必须要掌握的技能。因此，主播需要掌握卖货的表达技巧，来提升直播间的气势，促使观众跟随你的节奏去下单。

主播要想在直播间卖货，前提条件是直播间要有足够的人气，这样才能引起观众的兴趣，让他们更愿意在直播间停留，从而增加更多成交和转化的机会。下面介绍一些主播与观众进行恰当沟通和互动的技巧，让直播间能够长久保持热度，如图2-20所示。

恰当沟通和互动的技巧

- 观众评论问题很多时，可以先截图保存再一一作答
- 回复观众的问题时要有耐心，不能随意地敷衍观众
- 不断重复口播关键优惠信息，照顾后续进入的观众

图 2-20

当然，一般观众较多的直播间被提问的频率是非常高的，主播在面对大量的评论信息时，不可能一个个去回答，这样会非常累，而且还容易遗漏部分观众的问题，导致观众离开直播间。

因此，主播在开始介绍商品并卖货时，要多使用引导的语句，让观众根据主播的模板进行提问，这样能够统一回复大家的问题，相关案例如图 2-21 所示。

观众提问 →	观众："这个面膜适合 20 岁的男性用吗？" 分析：如果商品没有使用年龄方面的限制，此时主播可以根据商品的其他适用条件来引导观众提问
主播回复 →	主播："××小哥哥，你只要告诉主播你的皮肤是油性、中性还是干性？主播就知道你应该买哪个商品了。" 分析：通过选择题的方式，引导观众进行提问

图 2-21

主播需要掌握每个直播环节的表达要点，根据相关模板来进行举一反三，将其变成自己专属的卖货语言，这样就能做到"以不变应万变"。

其实，直播带货语言的思路非常简单，无非就是"重复引导（关注、分享）+互动介绍（问答、场景）+促销催单（限时、限量与限购）"，主播只要熟练按这个思路进行直播，即可轻松在直播间卖货。

抖音直播带货的关键在于通过营造一种抢购的氛围，来引导观众下单。下面为大家分享一些常用的模板。

❖　"××商品数量有限，就要卖完了，看中了马上下单哦。"

❖　"秒杀单品仅剩 x 件，抓紧时间，不然等会就抢不到啦。"

❖　"××元优惠券还剩最后 xx 张，大家抓紧时间领券下单。"

❖　"本场秒杀活动只有最后 10 个名额了，再不抢就没了。"

❖　"主播倒数 5 秒计时，同时助播配合说出商品剩余数量。"

图 2-22 所示的秒杀直播间，在这两个直播间进行秒杀商品的讲解

时，商家就可以使用以上关于秒杀的模板，来带动直播间内的气氛，提高销量。

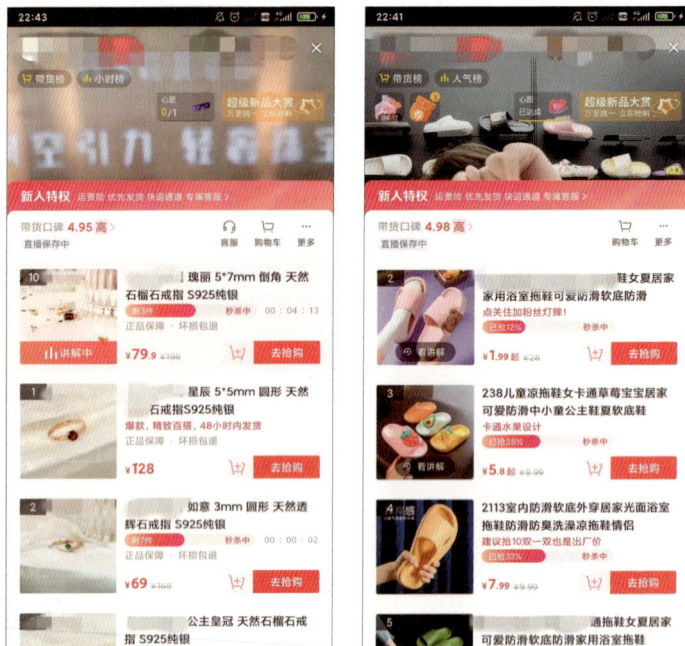

图 2-22

第3章
策划能力：
做好脚本掌握
直播主动权

直播的画面非常形象、生动，而且在直播间内不会受到其他同类商品的影响，因此直播带货的商品转化率比其他带货形式更高。本章就来介绍直播带货的脚本策划技巧，帮助商家高效地进行直播带货，以获得更多的粉丝和收益。

3.1　脚本策划：掌握直播带货的基本流程

对于一场成功的抖音直播来说，商家不仅要有好的选品、渠道和主播，更关键的在于好的脚本策划，也就是说商家在直播间要说什么内容。直播与短视频一样，都需要策划一个好的脚本。表 3-1 所示为一个简单的直播脚本范本。

表 3-1

×× 店铺 x 月 x 日直播脚本				
直播时间	× 年 × 月 × 日　晚上 × 点～× 点			
直播主题				
直播准备	（场地、设备、赠品、道具以及商品等）			
时间点	总流程	主播	商品	备注
×点×分	开场预热	跟观众打招呼并进行互动，引导关注	/	/
×点×分	讲解 1 号商品	讲解商品：时间 10 分钟 催单：时间 5 分钟	×× 商品	/
×点×分	互动游戏或连麦等	互动：主播与助播互动，发动观众参与游戏 连麦：与 ×× 直播间 ×× 主播连麦	/	拿出准备好的道具
×点×分	秒杀环节	推出秒拼、甩卖以及拍卖等直播商品	×× 商品	/
×点×分	优惠环节	跟观众打招呼，同时与其进行互动，用优惠价格提醒观众下单，并再次引导关注	×× 商品	/

直播脚本包括开场、商品介绍、互动、秒杀以及优惠等多个环节，商家只有保证各个环节的流程滴水不漏，才能有效把控直播的节奏，让直播间更加吸引观众。

3.1.1　直播开场：介绍自己和活动主题

对于抖音直播来说，策划脚本的本质在于带货，就是通过事先设计好的剧本和环节，整理出一个大致的直播流程，同时将每个环节的细节写出来，包括主播在什么时间点和谁一起做什么事情，以及说什么话等，以此不断引导观众关注直播间并下单购买商品，实现增粉和成交的目的。

在直播开场阶段，观众心里想的通常是"这个直播间到底是卖什么商品的"，大多数人进入直播间都是带着"逛街"的心理，没有针对性。

因此，主播在开始直播后，要立刻进入状态，跟观众进行自我介绍，话语要有一定的亲密感，以拉近彼此的距离。接下来，主播需要表明本场直播的活动主题，可以先卖个关子，告诉观众本场直播有哪些亮点，其主要目的在于吸引观众的目光，让他们停留在直播间。图 3-1 所示为笔者整理的一些直播开场脚本示例。

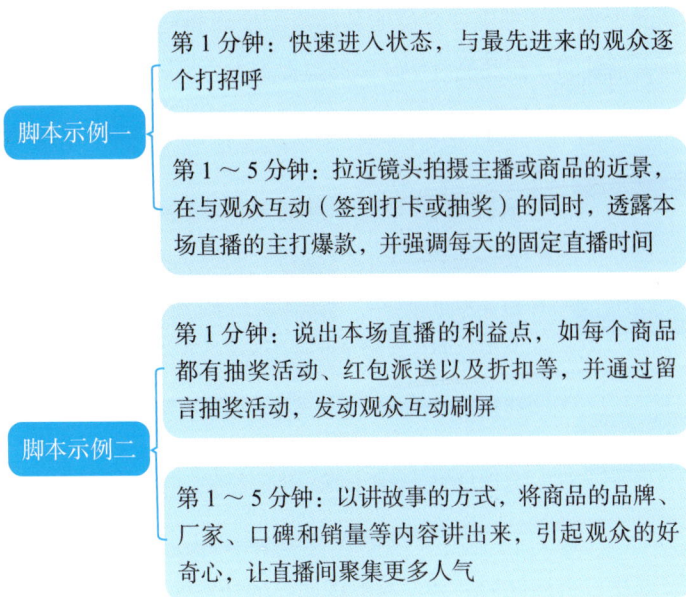

脚本示例一

第 1 分钟：快速进入状态，与最先进来的观众逐个打招呼

第 1 ～ 5 分钟：拉近镜头拍摄主播或商品的近景，在与观众互动（签到打卡或抽奖）的同时，透露本场直播的主打爆款，并强调每天的固定直播时间

脚本示例二

第 1 分钟：说出本场直播的利益点，如每个商品都有抽奖活动、红包派送以及折扣等，并通过留言抽奖活动，发动观众互动刷屏

第 1 ～ 5 分钟：以讲故事的方式，将商品的品牌、厂家、口碑和销量等内容讲出来，引起观众的好奇心，让直播间聚集更多人气

图 3-1

> **特别提醒** 总之，商家在制作直播脚本时一定要先确定好主题，如"春款上新""工厂直销"等。然后让脚本的所有内容都围绕主题来展开和策划，才能保证整个直播流程都保持着正确的方向。另外，确定好主题后，也可以使主播与观众的聊天和互动更加精准，而不是随意地闲聊。

3.1.2 商品介绍：全方位地展示商品信息

在开播后的预热阶段，主播要简单介绍一下本场直播的商品清单，让观众了解直播间的主打爆款、优惠力度和活动玩法。同时，主播可以赠送一些直播优惠券，或进行抽奖预热活动。

在正式的商品介绍阶段，主播要开始挑选一个商品并根据其品类进行详细的介绍，每个商品的介绍时间通常在 3～10 分钟。主播在介绍上一个商品时，也可以时不时地穿插介绍其他的商品，以及直播间的主打商品和活动力度，以吸引更多观众进入直播间。

主播在介绍某个商品时，应该全方位地展示商品的相关信息。以服装商品为例，主播需要介绍服装的搭配技巧和适用场合。图 3-2 所示为笔者整理的一些商品介绍环节的直播脚本示例。

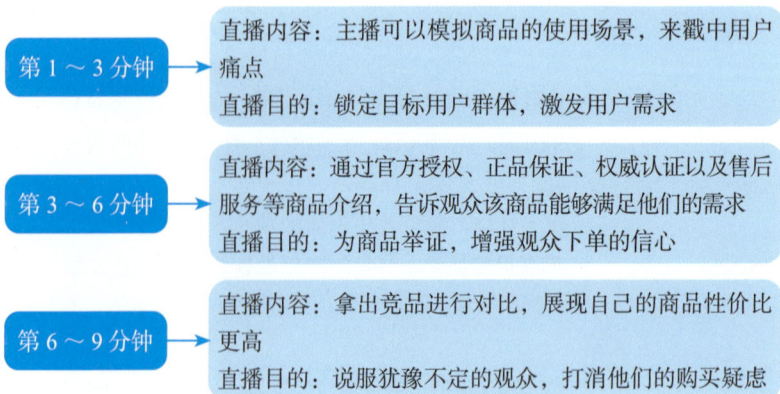

第 1～3 分钟	直播内容：主播可以模拟商品的使用场景，来戳中用户痛点 直播目的：锁定目标用户群体，激发用户需求
第 3～6 分钟	直播内容：通过官方授权、正品保证、权威认证以及售后服务等商品介绍，告诉观众该商品能够满足他们的需求 直播目的：为商品举证，增强观众下单的信心
第 6～9 分钟	直播内容：拿出竞品进行对比，展现自己的商品性价比更高 直播目的：说服犹豫不定的观众，打消他们的购买疑虑

图 3-2

主播可以以提问的方式，在介绍商品的功能效果时，同时引导已经购买的观众说出他们的商品使用体验。另外，主播也可以直播商品的使用场景，激发观众的购买欲望，如图 3-3 所示。

图 3-3

3.1.3　互动环节：用话题与活动炒热氛围

互动环节的主要目的在于活跃直播间的气氛，让直播间变得更有趣，避免产生尴场的状况。在策划直播脚本时，主播可以多准备一些能够与观众互动的话题。主播可以从两个方面找话题，如图 3-4 所示。

结合直播主题	根据直播主题选出本场直播的相关互动话题，多积累与商品相关的专业知识，了解买家痛点，能够做到脱口而出
紧扣时下热点	通过借助传统节日热点、社会热点事件以及自创热点等方法，找到商品与热点之间的共鸣点，来打动观众

图 3-4

除了互动话题外，主播还可以策划一些互动活动，如红包和超级福袋等，不仅能够提升观众参与的积极性，还可以实现裂变引流。

1. 红包

主播可以在直播间定时发放红包，以吸引更多人关注直播间并长久停留。观众进入直播间后，点击💰图标，如图 3-5 所示。然后点击"抢"按钮，如图 3-6 所示。执行操作后，观众便可以获得相应数量的抖币，如图 3-7 所示。

图 3-5   图 3-6   图 3-7

2. 超级福袋

超级福袋活动可以大幅提升直播间的活跃度，增加粉丝黏性。图 3-8 所示为直播间超级福袋参与界面。超级福袋一般要观众在直播间内按一定的要求进行评论，才有参与的机会。因此，该活动可以有效地提升直播间的活跃度，带动直播间的气氛。

图 3-8

3.1.4 秒杀环节：用甩卖和拍卖进行催单

主播可以多准备一些用于秒杀的直播商品，在直播过程中通过不定时地推出秒拼、甩卖或拍卖商品等活动来刺激观众及时下单，提高转化率。图 3-9 所示为设置了秒杀环节的直播间。

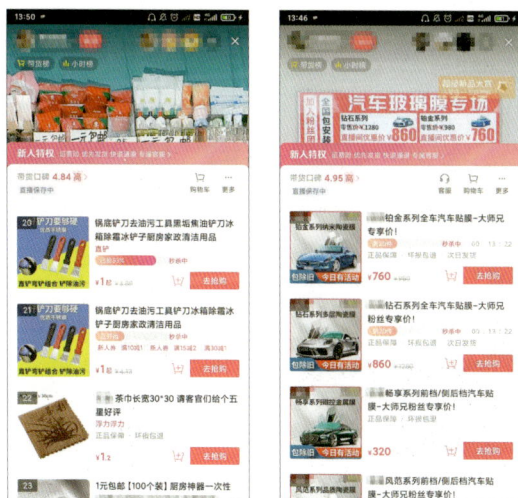

图 3-9

3.1.5　优惠环节：催促观众集中爆发下单

商家在发布直播间预告时，可以将大力度的优惠活动作为宣传噱头，吸引观众准时进入直播间。在直播的优惠环节中，主播可以推出一些限时限量的优惠商品，或者直播专属的特价等，吸引观众快速下单。

在优惠环节，主播需要做好以下两件事。

（1）展现价格优势：通过前期一系列的互动和秒杀活动吊足观众的胃口后，此时主播可以宣布直播间的超大优惠力度，通过特价、赠品、礼包、折扣以及其他增值服务等，让观众产生"有优惠，赶紧买"的消费心理，引导观众下单。

（2）体现促销力度：主播可以在优惠价格的基础上，再次强调直播间的促销力度，如前 ×× 名下单粉丝额外赠送 ×× 礼品、随机免单以及满减折扣等，并不断对比商品的原价与优惠价格，同时反复强调直播活动的期限、倒计时时间和名额有限等字眼，营造出商品十分畅销的紧迫感氛围，让观众产生"机不可失，时不再来"的消费心理，促使犹豫的观众快速下单。

图 3-10 所示为商家设置的优惠券。观众在直播间内，❶点击■图标；❷点击"立即关注"按钮便可领取优惠券，领取后即可获得相应的优惠券。

图 3-10

3.1.6　制定脚本：单场直播的脚本策划

表 3-1 是一个简单的直播脚本范本，商家可以按照范本中提供的元素来制定自己店铺的直播脚本，同时尽量保持每周更新的频率，多总结和优化脚本，让下一次直播产生更好的带货效果。

商家可以用 Excel 表格来制作直播脚本，把直播间的商品卖点、功能介绍、互动玩法、利益点以及注意事项等全部写进去，对整场直播进行一个规划和安排，从而让主播能够把控好直播的节奏。表 3-2 所示为一个单场直播的脚本范本。

表 3-2

直播日期	2022 年 3 月 16 日 星期一
直播时间	20:00 ～ 21:30
直播时长	1.5 小时
直播主题	×× 商品直播专场，爆款秒杀
直播样品	准备好直播时需要展示的样品，款式尽量齐全，满足不同需求的用户
预估目标	达到 10% 的引导转化率
直播活动	抽奖、赠品以及秒杀等
直播预告	抛出直播福利：晚上 8 点直播，进场前 × 分抢福利，只有 x 个名额，主播在直播间等你们了
预热开场	点明直播主题：欢迎来到 ×× 直播间，请大家点下关注，主播将会每天 × 点在直播间为您分享 ××（根据主播或直播间的定位，为粉丝分享实用的技能等）
时间点	**直播节奏**
第 1 ～ 10 分钟	给出粉丝福利，吸引他们及时进入直播间，同时引导粉丝评论或刷屏互动，了解他们的问题和需求。 （1）前 3 分钟："大家快来抢福利，只有 100 份，卖完就没有了！"

续表

时间点	直播节奏
第 1～10 分钟	（2）第 4 分钟："×× 爆款秒杀优惠，想买的朋友们赶紧下单呀！" （3）第 5 分钟：第 1 轮直播抽奖活动 （4）第 6 分钟："继续抢福利，抢到就是赚到，秒杀单品数量有限！" （5）第 7 分钟：第 2 轮直播抽奖活动 （6）最后 3 分钟：继续催单，并开始做下场直播预热 抢福利相关表达示例："实体店铺 200 元，官方旗舰店日常销售价 166 元，现在直播间只卖 99 元，错过这次福利，下次还要再等几个月。" 主播抽奖表达示例："话不多说，先来一波抽奖，麻烦大家添加 1 号商品到购物车，快速刷起来。"
第 10～20 分钟	当直播间涨到一定流量后，主播可以使用高性价比的引流商品吸引新用户，引导观众关注直播间，提升直播间的搜索权重 引导加购表达示例："×× 商品性价比超高啦！名额只有 ×× 个，超出不补。亲们喜欢的话赶快抢购哦！"
第 20～70 分钟	（1）促单：主播和助播一起与观众互动，稳定直播间人气，不断推出爆款和秒杀款，同时穿插主推款，对商品进行详细的介绍，争取做到利润最大化 （2）场控：在直播过程中，数据分析和场控人员可根据直播间的观看人数和商品的 UV（unique visitor，独立访客）转化率等数据，来引导主播调整主推款 主播互动表达示例："×× 商品，你们想看蓝色的还是绿色的？" 主播推荐爆款示例："×× 商品有 10 元无门槛优惠券，直播间下单不仅可以直接使用，还可以和官方活动价叠加哦。喜欢就直接领取，一个账号限领一张。" 秒杀时表达示例："×× 商品 × 点可以秒杀。大家刷刷评论，让主播看到你们的热情，你们的热情越高，主播给的秒杀价格就越低哦！" 主推款推荐示例："最后 3 分钟，想要的朋友抓紧时间哦，只有最后 50 件了，时间到了立马恢复原价。"

时间点	直播节奏
第 70 ~ 80 分钟	随着直播间人气的逐步下滑，主播可以通过抢现金红包活动，来提升直播间的活跃度，同时将本场直播呼声较高的商品进行返场促销，再次助推一下
第 80 ~ 90 分钟	在本场直播的结尾部分，感谢观众，并预热下场直播的时间、福利和商品 表达感谢的语句示例："感谢大家的关注和陪伴，主播马上就要下播了，希望大家好好休息，明天晚上同一时间我们再聚呀。"

在抖音平台上，同款商品非常多，但带货的主播却各不相同，因此主播要做的就是熟悉自己的商品和用户，并按照直播脚本定期进行直播活动，让更多观众成为你的粉丝。

3.2　注意要点：打造高质量带货直播间

很多新主播通常一拿到商品，就马上放到直播间去卖，这样主播很难给观众留下专业的印象，商品的质量也难以保证，往往结果都是主播一直在尬聊，而商品的销量却寥寥无几。

因此，主播开播前一定要策划一份直播脚本，让直播可以非常顺利地进行下去，同时也可以让主播显得更加专业，帮助店铺提升商品的销量。本节将介绍一些直播脚本策划的注意事项，以帮助商家打造高质量的带货直播间。

3.2.1　引出话题：吸引观众注意力

直播不仅要靠嘴上功夫，还需要主播多动脑，提前准备好一些能够吸引观众注意力的话题。下面介绍一些直播间常用的话题类型，如图 3-11 所示。

直播间常用
的话题类型

热搜类话题，可以关注微博热搜，但具有时效性

幽默搞笑类话题，老少皆宜，让直播间瞬间乐翻天

聊观众抛出的话题，对每个观众都要做到真诚和善

图 3-11

3.2.2 提出痛点：符合买家的需求

虽然电商直播的主要目的是卖货，但这种单一的内容形式难免会让观众觉得无聊。因此，主播可以在直播脚本中根据痛点，给观众带来一些有趣、有价值的内容，以提升观众的兴趣和黏性。

例如，在卖烧水壶商品的直播间评论中，可以看到很多观众提出了问题，如"热牛奶可以吗？"，如图 3-12 所示。在卖电饭煲的直播间内，观众评论"煮饭多久""有没有蒸架"，如图 3-13 所示。

图 3-12

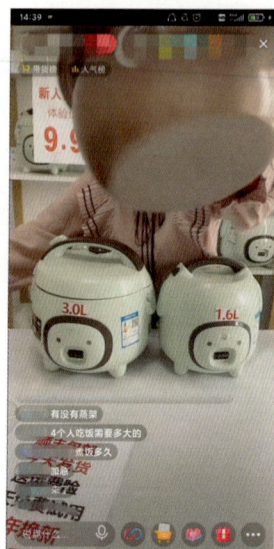

图 3-13

其实，这些问题就是用户的痛点，只有认真关注观众的评论才能

了解用户的痛点是什么，进而在直播脚本中将这些痛点列出来，并策划相关的内容，通过直播解决用户提出的问题。

直播时并不是要一味地吹嘘商品的特色卖点，而是要解决用户的痛点，这样用户才有可能在你的直播间驻足。很多时候，并不是商家提炼的卖点不够好，而是因为商家认为的卖点，不是用户的痛点所在，并不能解决用户的需求，所以对用户来说就自然没有吸引力了。

当然，前提是商家要做好直播间的用户定位，明确用户是追求特价，还是追求品质，或者是追求实用性，以此来指导直播脚本的优化设计。

3.2.3 建立信任：让买家更加信服

在电商直播中，买家的交易行为很多时候是基于信任主播而产生的，买家信任并认可主播，才愿意去关注和购买商品。

因此，主播可以在直播间将商品的工艺、产地、品牌形象或者使用情况等内容展现出来，让观众相信商品是正品，有正品保障，为商品带来更好的口碑影响力。

例如，在两个卖拖把的直播间中，主播通过向观众展示拖把的使用情况，表达拖把的实用性很强。或者在直播间内对拖把进行暴力破坏，来表明拖把的质量好，如图 3-14 所示。

图 3-14

3.2.4　商品卖点：与用户痛点结合

当商家或主播在制作直播脚本时，需要深入分析商品的功能并提炼相关的卖点，然后亲自去使用和体验商品，并将商品卖点与用户痛点相结合，通过直播来展现商品的真实应用场景。寻找商品卖点的 4个常用渠道是商品属性、用户评价、客服反馈、其他信息渠道，如图 3-15所示。

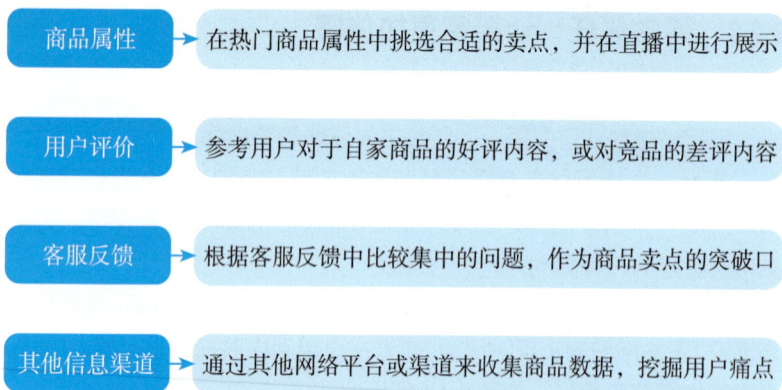

商品属性	→	在热门商品属性中挑选合适的卖点，并在直播中进行展示
用户评价	→	参考用户对于自家商品的好评内容，或对竞品的差评内容
客服反馈	→	根据客服反馈中比较集中的问题，作为商品卖点的突破口
其他信息渠道	→	通过其他网络平台或渠道来收集商品数据，挖掘用户痛点

图 3-15

总之，主播只有深入了解自己所带货的商品，对商品的生产流程、材质类型和功能用途等信息了如指掌，才能提炼出商品的真正卖点。在做直播脚本时，主播可以根据用户痛点需求的关注程度，来排列商品卖点的优先级，全方位地介绍商品信息，从而吸引观众加购或下单。

例如，女装商品的用户痛点包括做工、舒适度、脱线、褪色以及搭配等，买家更在乎商品的款式和整体搭配效果。因此，主播可以根据"上身效果＋材质细节＋设计亮点＋品质保障＋穿搭技巧"等组合来制作直播脚本的内容，然后在直播间将这些内容演绎出来，相关示例如图 3-16 所示。

图 3-16

<table>
<tr><td>特别
提醒</td><td>在抖音直播间内，观众可以点击直播界面，隐藏直播间的各种按钮和控件元素，让直播画面更加干净，在观看商品介绍时便能获得更好的体验。</td></tr>
</table>

主播要想让自己的直播间吸引用户的目光，就要知道用户想要的是什么，只有通过抓住用户的消费心理来提炼卖点，才能让直播间更吸引用户并促使他们下单。

3.2.5　使用体验：说出自己的感受

主播对商品要进行亲身体验，并告诉观众自己的使用感受，同时还可以列出真实用户的买家秀图片、评论截图或短视频等内容，这些都可以写进直播脚本中，有助于杜绝虚假宣传的情况。

例如，被誉为"×宝一哥"的某主播曾表示，自己已经试过 10 万种以上的美妆护肤商品。如图 3-17 所示，这两个直播间都通过亲身体验商品来向观众展示直播内容，并向观众说出使用感受，如此便能够极大地促进销量增长。

图 3-17

3.2.6 引导消费：推荐商品的流程

　　主播需要熟悉直播间规则、直播商品以及店铺活动等信息，这样才能更好地将商品的功能、细节和卖点展示出来，并解答观众提出的各种问题，从而引导观众在直播间下单。图 3-18 所示为在直播间推荐商品的过程，能够帮助主播将有效信息传递给用户。

直播间推荐商品	第 1 步：使用商品前，用户会面临哪些痛点和难点
	第 2 步：用户使用了商品，将会带来哪些改变
	第 3 步：用户使用商品后，会获得哪些好处或价值

图 3-18

　　同时，主播要保持充满激情的状态，营造出一种商品热卖的氛围，利用互动和福利引导观众下单。

3.2.7　组合销售：提升买家客单价

主播可以在直播脚本中充分挖掘潜在消费者的其他需求，同时可以采用大额满减、买一送一、多件优惠或商品组合的方式，增加店铺内的其他商品销量。

如图 3-19 所示，在这个护肤品商品的直播间内，商家配合多件优惠、买一送一等活动，来吸引通过直播间进入店铺的买家购买更多商品，以提高客单价。

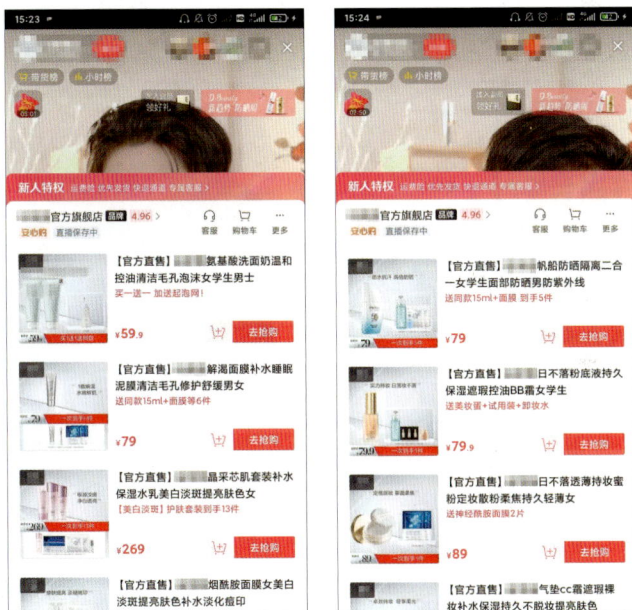

图 3-19

第4章

营销能力：
提升直播带货的
成交效率

直播具有即时性、互动性等特点，对商家积累人气、推广品牌等有很大的作用，因此了解直播营销的知识技巧相当重要。本章将为大家介绍直播营销相关的内容，如营销步骤、营销优势、营销类型、营销模式等。

4.1　全面了解：直播的过程及形式

为了更好地提高直播带货的成交效率，最好先了解直播的过程及形式。只有全面了解了直播的过程及形式，商家及主播才能更好地做好直播脚本以及内容策划，从而打造一个能够吸引众多粉丝的直播间。

4.1.1　直播过程：9 大步骤全面了解

现今，直播有着网络化、视觉化、可交互 3 大特征，是与目标全体连接、交流较为有效且流行的方式。而营销的目的就是挖掘直播的价值，从而实现变现。那么直播营销从准备到实施，需要经过哪些过程呢？在了解营销技巧前，笔者先总结并细化了直播的 9 个步骤，具体如下。

1．直播立项

直播需要一定的技术基础，如人员、设备等前期投入。所以，确定一场直播营销是否可行，完成直播立项准备是首要的一步。

2．明确直播定位

完成直播立项准备后，要明确直播定位，需要先了解商品的相关信息、直播平台的特性以及用户需求等信息。

3．挑选直播平台

直播平台有很多，选择好的、适合自己商品的平台是很关键的一步。

4．分析直播用户

分析直播用户，了解用户痛点，才能在直播间内触及用户需求，促使用户在直播间内下单。同时从用户的角度出发，为后续直播积累一定的粉丝量。

5. 设定直播场景

不同种类的商品可以设定不同的直播场景。例如，农产品可以将产地作为直播场景；加工类食品可以将食品加工生产线作为直播场景。此外，直播具有即时性，因此主播要提前确定好直播场景。

6. 设计直播形式

直播形式可以是单一镜头直播、多机位直播，也可以是多个直播间联动。在直播前要提前确定好直播形式。一般带货类直播是单一镜头直播的形式。

7. 填充直播内容

直播内容包括直播时用到的文稿、主播等人的运动轨迹以及出镜商品的顺序、信息等，这些内容都需要提前准备好，避免直播时出现忙乱现象。

8. 宣传推广

完成以上工作后，便要对直播间进行宣传推广。这是很重要的一步，宣传推广得好，进入直播间的观众便会多一些。

9. 实现直播变现

不管是通过主播在直播间内促成用户下单，还是完成引流变现，都是实现直播价值的关键一步。

4.1.2　类型引导：打造多种直播形式

互联网营销对平台的需求不断提升，各种互联网平台都成为网络营销的热点，其中形式多样的网络直播平台更是热点中的热点，如抖音平台。

网络直播对网络营销来说，无疑是具有很大促进意义的方式。值得注意的是，网络直播的方式也多种多样。目前来说，网络直播的方式主要包括品牌宣传、网红代言、客服沟通、娱乐活动、专家教育、线下线上整合等，本节笔者将对这些直播方式进行具体介绍。

1. 品牌宣传

互联网时代的企业品牌宣传已经成为企业营销不可缺少的组成部分，而直播式的品牌宣传活动已经渐渐地成为企业宣传的主流。有运营网络营销想法的互联网企业，应该顺应这种主流来树立自己的品牌。

例如，小米、乐视、魅族、华为、锤子等品牌手机的新品发布会，就是很好地利用了直播这种形式，进行品牌和商品的宣传推广。例如，在红米 K50 发布会上，红米品牌负责人就对新发布的新机 K50 的相关性能做了演示和介绍，如图 4-1 所示。

图 4-1

2. 网红代言

如今，普通网店那种简单的商品罗列方式已经很难打动消费者，因为消费者看不到他们想要的东西，因此网红代言成为新的网店热点。

3. 客服沟通

客服沟通直播通过直接视频展现的方式，使用户对于商家服务能更为了解，从而拉近商家与用户之间的距离。

4．娱乐活动

移动互联时代，一切都往娱乐化方向发展，通过直播娱乐活动，能促进企业影响力的扩大，因此娱乐活动的直播也成为新的直播热点。而且，不只是局限于商家，"明星""网红"甚至没有大量粉丝的普通人，也可以通过展开娱乐活动的直播来为自己积累人气。这也正是直播的魅力所在，对于品牌的推广有很大的借鉴意义。

网络是拉近品牌与粉丝距离的重要途径，通过网络上的直播互动能使粉丝更加熟悉品牌，这对品牌的营销具有非常重要的意义。

5．专家教育

专家教育类直播一般是通过输出一定的知识来达到销售某种课程或是商品的目的。当你在某一方面的专业技能比较突出的时候，便可以采用这种形式进行直播，如图 4-2 所示。

图 4-2

6．线上线下结合

现在营销的方式不仅局限于线上营销，商家还可以通过线上与线下结合的方式进行直播营销，此种营销方式也能极大地促进品牌推广。

例如，某个脱口秀主持人因为主持了一档线上节目成为名人。而除了线上的节目，他还积极展开线下的跨年演讲活动，通过每年一次的演讲活动拉近与粉丝的距离。

4.2　播"销"结合：展现商品优势

在抖音好物年货节中，15 天内累计直播时长达到 3171 小时，累计观看人数达到 424 亿人次。大家纷纷发出疑问：电商直播这么受大家欢迎吗？直播带货真的这么赚钱吗？未来的趋势又是什么？直播已经达到千亿量，是否还有继续增长的空间？

关于电商直播的爆发原因，笔者总结主要有以下 3 点。

❖　直播购物更直观，激发用户购买欲望。

❖　直播零距离互动，提高用户消费频率。

❖　直播信任背书强，网红与直播相辅相成。

本节笔者将详细介绍关于直播营销的相关内容。

4.2.1　直播带货：快速了解商品

和线上购物相比，互联网直播带货会更直观。通过主播在直播间对商品进行展示和详细解说，消费者可以快速、全面地了解商品，从而增加购买的欲望。而相较于传统营销，互联网直播给商家带来了新的机会。图 4-3 所示为直播带货的优势。

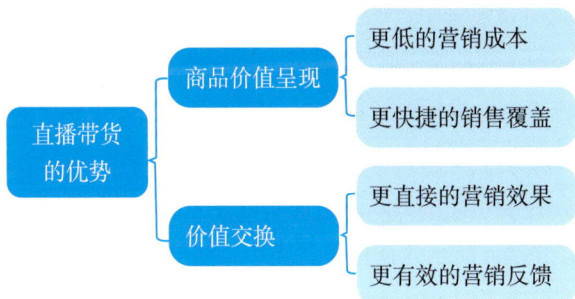

图 4-3

采取直播带货的方式，商家可以在呈现商品价值时支付更低的营销成本。因为直播带货对于场地、人工等要求较小，是目前成本较低的营销形式之一。笔者将从以下 3 个方面具体分析。

（1）收获更快捷的营销覆盖。直播带货通过主播将试吃、试穿、试用等过程直接地展示给用户，能够使用户更直观、清晰地了解到商品的具体情况。

（2）实现更直接的营销效果。消费者在购买商品时易受环境影响，会由于群体效应或者观察主播的使用感受等原因而直接下单。所以，在进行直播带货之前，商家应该重点策划主播台词、优惠活动等，同时多次测试下单过程，给予用户良好的下单体验。

（3）收到更有效的营销反馈。直播的高互动性促使主播在将直播内容呈现给观众的同时，观看者也可以通过弹幕的形式，分享体验。因此，一方面，商家借助直播可以收到已购买过商品的消费者的使用反馈；另一方面，通过现场观众的反馈，商家也可以对下一次直播内容进行修正，进而达到更好的直播效果。

目前，直播营销还处在摸索阶段，但直播的互动性营销优势已经成为共识。一般而言，直播互动主要为优惠活动、发评论、送礼物。接下来，笔者将围绕直播的实时互动性，具体介绍一些主播可以利用抖音直播带货优势的具体方法。

1. 增强参与感，发挥交互优势

在直播带货过程中，如果只是主播一直在介绍商品，那么用户很有可能会因为感到枯燥无味而离开直播间，甚至会取消对主播的关注。这时，就应该大力发扬抖音直播平台的交互优势，主播一定要及时与用户互动，这样才会带动用户参与，增强用户的参与感。

例如，在展示商品的同时与观众进行交流沟通，及时回应用户提出的问题。图 4-4 所示为在抖音直播中主播与粉丝的交流过程，某店铺主播在展示商品时通过用户评论不断与用户进行交流。

图 4-4

再如，在抖音直播中，有一场主题为"懒人必备自加热小火锅"的食品类直播。在直播中，用户可以提出对商品的各种疑问，然后主播对其进行解答，如用户提问"小龙虾优惠多少？"除此之外，如果用户觉得主播的商品很实用，还可以关注主播，或者送礼物给主播。

用户在直播中获得了自己想知道的信息，大大增强了参与感，已经不能和单纯地观看直播相提并论，这就会使得主播的业绩不断提升。

2．利用从众心理，结伴相继购买

在直播带货中，不仅有主播与用户的互动，也有用户与用户之间的互动。如用户之间在评论区进行交流，谈论商品的性价比等。

用户在进行交流的同时会产生一种从众心理，从而提高直播间内的购买率。因此在直播间内，页面下方会弹出"某某正在去购买"的字样，如图 4-5 所示。其目的就在于利用用户的从众心理，吸引他们去购买商品。

图 4-5

3．加强品牌黏性，懂得倾听需求

加强品牌黏性也是直播的营销优势之一，这需要根据用户的需求进行直播。很多商家也需要向那些人气高的主播学习直播技巧。主播之所以能得到众多用户的喜爱和追捧，原因就在于他们懂得倾听用户的心声，并根据用户的需求进行直播。那么，具体要怎样倾听用户的需求呢？笔者将其要求总结为 3 点。

❖　把握用户心理。

❖　及时做出反馈。

❖　对直播进行调整。

4.2.2　适应变化：提升持续竞争力

了解了直播带货的优势，那么主播如何才能成为一个具有持续竞争力的电商主播呢？笔者总结了以下 3 个建议。

1. 建立良好的社交电商关系

当市场经济还未形成，还没有商贸概念时，出现了"人找商品"的局面。后来因市场经济竞争变大，商品的选择也变多时，则出现了"商品找人"的局面。但不管是"人找商品"还是"商品找人"，始终都属于"人与商品"的范畴。

主播或电商如果想要具备可持续发展的竞争力，必然要建立并维护"人与人"之间的关系。如线下实体门店，同一门店的不同导购员，业绩往往也不一样，擅长与人沟通的导购，业绩往往会更好。线上营销的道理也是如此，即使不像线下一样面对面与用户交流，主播也需要和用户进行沟通并建立起相互信任的关系。

2. 以粉丝利益为核心

对于主播来说，一定要把粉丝的利益放在第一位，否则就会出现直播间"翻车"的尴尬情况。当你在直播间销售的商品出现质量问题、安全问题，或是价格过于高出其他渠道的价格时，粉丝下次就不会再在你的直播间购买商品了，甚至会取消关注。

要知道信任一旦被毁，再次建立就会很难。因此，主播在直播带货过程中一定要以粉丝的利益为核心，这样才能持续发展。

3. 从"货品为上"到"内容为上"的转变

以抖音平台为例，在抖音直播发展的初期，入驻平台的主播较少，但因有抖音平台巨额流量的扶持，吸引流量也并不难。消费者往往会因为新鲜感而去尝试，因此在初期发展阶段，曝光量约等于销量。

随着越来越多的人参与到直播中来，竞争也越来越激烈，主播开始比拼性价比，利用优惠券和折扣吸引用户，如图 4-6 所示。或者是用赠送福利的模式来吸引用户，如图 4-7 所示。

图 4-6

图 4-7

由于商品始终是有成本的，各大主播给出的折扣区别也不会太大，因此从长远来看，只依靠性价比未必会有优势。

主播除了掌控供应链之外，还需要在直播"内容"上下功夫。也就是说，光靠推荐商品已不足以吸引用户，主播还需要根据商品或自身讲述相关故事，善于包装。换言之，直播会越来越娱乐化，成为一场带货"表演秀"。

以上即为笔者为大家推荐的 3 点建议。随着 5G 时代的来临，电商直播的发展将会更快。主播将货品的品质提升起来，将是转化的关键。明星参与直播带货也会逐渐成为常态。

4.2.3 刺激用户：突出商品的功能

一般来说，用户购买某一商品，首先考虑的应该是商品能给他们带来什么样的助益，也就是商品能影响到用户的哪些切身利益。假如某一商品在直播过程中所突出体现的功能能让用户感到是对自己有益的，这就能打动用户，并激发用户的购买欲望，实现营销目标。

而在突出商品功能和带来的改变这一问题上，直播营销主要是从两方面来实现的，一是利用商品来实际操作证明其优势和功能，二是利用视频文案呈现商品优势，具体内容如下。

1. 利用实际操作证明其优势和功能

一般来说，通过实际操作会更加直观地让观众看到商品使用后的变化，因此主播在直播间内最好是通过实际操作的方式来证明商品的优势和功能。

例如，对于一些厨房用具，用户在购买的时候一般都会货比三家，想要买一个实用同时又价格适宜的商品。这个时候如果主播在直播间内通过实际操作来向用户展示该商品的实用性、方便性，且给予一定的优惠的话，那么用户便不会再有顾虑，会直接在直播间进行下单。

又如，显瘦的服装穿在人身上直观呈现出来的感觉，美妆商品在化妆的实际操作后所带来的改变。这也是直播带货比非直播带货商品销量更高的原因，因为直播能够让用户直观地了解到商品的实际操作过程。

2. 利用视频文案呈现商品优势

就视频文案而言，表现商品优势和其所带来的改变，其目的是让观众有一个观看前的认知。带着特定的认知去关注，能够让观众更清晰地从视频直播中找到其优势所在。

如图 4-8 所示，该视频文案中的"显瘦又便宜"便很好地展现了商品的功能和优势，其所带来的改变就是让使用者觉得穿着显瘦价格又便宜，在直播时也可以运用这种方法吸引粉丝关注。

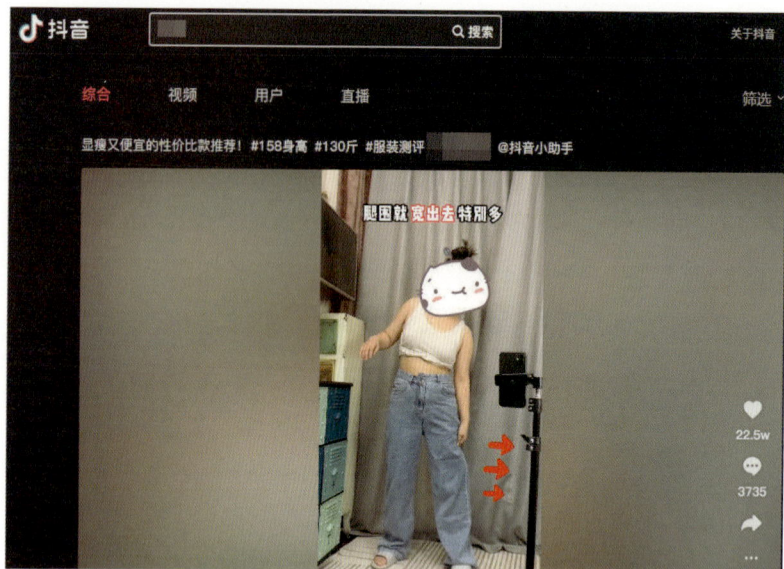

图 4-8

4.3 花式营销：6 种新鲜营销方式

对于商家来说，想要在直播的过程中吸引观众前来观看，前期的宣传是必不可少的。而商家在前期宣传时最关键的一步即为设计最能吸引观众的直播吸引点。那么什么是"直播吸引点"呢？其实很好理解，即在前期宣传中设计一个能够吸引用户关注的点。这与一个能够吸引读者点击阅读的好文章标题，是一样的道理。

根据笔者的经验，总结了 6 种可以达到直播营销目的的方式，即利用颜值、真诚营销、才艺表演、饥饿营销、对比突显以及明星出场。商家在设计直播计划时，可以根据自身情况以及需求，选择其中一种或几种直播营销方式进行直播。

4.3.1 利用颜值：快速吸引用户

当要在两款除了外观，其他方面都差不多的商品中进行选择时，相信大部分人都会选择外观更为美观的那一个。在直播经济中也是如此，"颜值就是生产力"这一说法已经被越来越多的人认可，且已多次得到验证。

高颜值的主播更容易吸引"路人"观众观看、关注，而前来观看直播的粉丝所带来的流量正是商家所需要的，粉丝越多，曝光量越大。

由此可见，选择高颜值的帅哥、美女或是商品对商家进行直播宣传、营销，可以达到事半功倍的效果。

4.3.2 真诚营销：多为用户着想

什么是利他行为？用简单的话来说，利他行为就是一种为他人着想的行为。在直播中，商家如果运用好这种思维，会在很大程度上获得用户的好感。

那么具体应该怎么做呢？在直播中，常见的利他行为是知识分享与传播。如向用户分享生活技能、动手能力、各种商品的使用方法等。

这种营销方式可以用于美妆类和穿搭类的商品直播，在为用户推荐商品的同时，不仅增加了商品的曝光度，还让粉丝学会了穿搭技巧和化妆技巧。

4.3.3 才艺表演：持续抓住眼球

在直播中进行才艺表演也是很受观众欢迎的一种形式。不管主播是否有名气，只要有过硬的才艺技能，就能吸引大量粉丝观看，如舞蹈、脱口秀、器乐等都可以在直播中获取该才艺领域的忠实粉丝。

那么，商家应如何利用才艺直播进行营销呢？才艺营销可以围绕主播展示的才艺所需要使用到的商品。如吉他类才艺表演需要使用吉他，那么销售乐器的商家则可以与有这类才艺技能的主播进行合作。再如，舞蹈类才艺主播的穿搭通常是很受粉丝关注的，销售运动服的商家则可以与舞蹈类才艺主播进行合作。图4-9所示为抖音中某舞蹈主播在橱窗中放入了各种舞蹈服的链接。

图 4-9

除此之外，各艺术类培训机构也可以通过才艺直播的方式吸引更多用户成为自己的粉丝，并通过互动将这些粉丝转化为自己的学员。

4.3.4　饥饿营销：物以稀为贵

相信大部分读者都对"饥饿营销"这个词语有所耳闻，如各种限量发售的名牌球鞋、限定大牌口红，一经发售往往会出现"秒空"的盛况。这种适用于品牌销售上的营销方式，在直播营销中同样可以利用。

我们常常能看到一些主播在抖音平台上运用这种方式进行直播，但在实际的操作过程中，并不是每一位主播都能达到理想的效果。本节笔者将从 3 个方面，由浅入深地向大家详细介绍使用饥饿营销的相关方法和技巧。

1．制造稀缺感

饥饿营销的第一步就是利用人的稀缺心理制造稀缺感。往往机会越难得、价值越高的商品，吸引力就越大。

那么在直播营销中，主播应该怎么做才能体现出这种稀缺感呢？下面笔者做出一种假设。

当一件商品的库存为 500 件，观看直播的人数为 1000 人时，A 主播宣布秒杀时间为 10 分钟，并告诉粉丝库存为 500 件；B 主播同样给粉丝 10 分钟时间进行秒杀，但告诉粉丝只有 100 件库存。

在相同的时间里，试问哪位主播的营销效果会更好呢？肯定是 B 主播。因为当商品进行限量供应之后，可以提高消费者对商品价值的感知，有一种"买到就是赚到"的感觉。这种假设比较常见，同时也是大部分人都了解的一种饥饿营销方法。

2．先充足再稀缺

制造稀缺感之后，还没有结束。因为我们作为电商，在营销时应该知道，当商品由充足变得稀缺的时候，会让消费者产生一种此商品会一直稀缺的心态，此时的反应会更积极。

例如，当一件商品的库存为 500 件，观看直播的人数为 1000 人时，A 主播宣布秒杀时间为 10 分钟，并告诉粉丝只有 100 件库存，那么在这种情况下，粉丝的状态就会一直很紧张。

而 B 主播先告诉商品的库存为 500 件，当放上购买链接之后，突然告诉粉丝，库存只剩下不到 100 件了。此时，还在犹豫和观望的粉丝的购买欲就会马上被激发出来，迅速做出购买决策。

由此可见，和一直稀缺的商品相比，先充足再稀缺的商品会更具有吸引力。因为这种营销方式会使商品价值变得更高。

3．由争夺引起的稀缺

除了以上两种营销方式之外，还有第三种制造稀缺感的方式，即由争夺引起的稀缺感，具体操作方法如下。

同样假设一件商品的库存为 500 件，观看直播的人数为 1000 人。A 主播将商品上架一分钟后迅速下架，此时便会有粉丝反馈"没抢到""卖完了"。此时主播在直播间与商家沟通，商家一开始会拒绝加量，在主播再三争取之后，再将商品重新上架销售。

B 主播与 A 主播进行一样的操作，开卖一分钟之后下架商品，随后告知粉丝商品已经售空，没抢到的评论"1"，然后再将商品重新上架。

在上述两种情况中，很明显 A 主播的营销方式效果会更好。因为在限量销售的背后，主播还营造了一种"这个价格来之不易，过了这个村就没这个店"的感觉，使得粉丝在争夺中抢到商品，达到了很好的营销效果。如果在一场营销中，只有限量，却没有设计出粉丝互相争抢的氛围，其营销效果往往不会太好。这便是饥饿营销的最后一步，同时也是饥饿营销的真正含义。

饥饿营销这种方式往往会受到消费者的追捧，利用稀有内容还可以提升直播间的人气，无论是对主播还是商家来说，都能增加曝光的机会。

当然，不管是用哪种营销方式，商品的性价比是第一位的。以上3 种饥饿营销的方式因情况的不同，营销的效果也会不同。主播与商家在使用饥饿营销时需根据自己的实际情况灵活运用，找到最适合自己的直播方式，不能生搬硬套。

4.3.5　对比突显：商品优劣分明

"没有对比就没有伤害"，买家在购买商品时都喜欢货比三家，最后选择性价比更高的商品。

但是很多时候，消费者会因为自身不够专业而无法辨认商品的优劣。所以，这时候主播可以在直播中通过与竞品进行对比，从专业的角度，向买家展示差异化，以增强商品的说服力以及优势。

图 4-10 所示为口红直播间，主播为了让观众清楚知道每一款口红的使用情况，也为了更好地突出对比不同色号口红使用的情况，将每种色号的口红都涂在自己的手上，以便观众能够选择喜欢并适合自己的口红颜色。

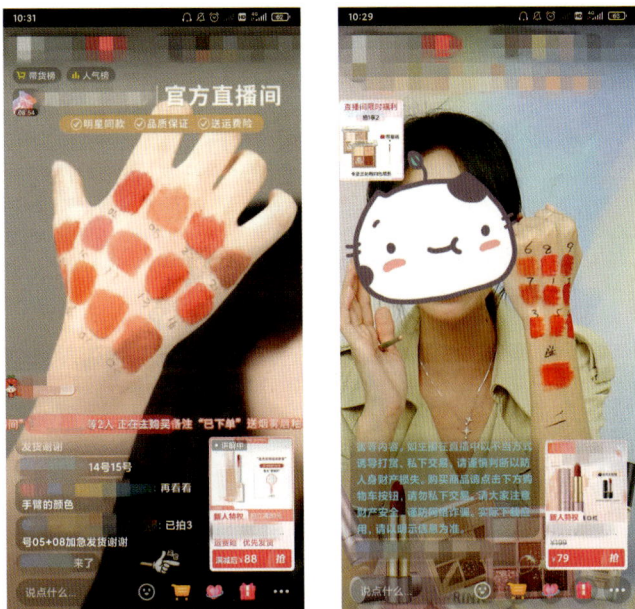

图 4-10

无论是商家进行营销，还是主播在直播间卖货，都可以灵活运用对比这一营销方式，一定会获得意想不到的收获。

4.3.6 明星出场：营销效果更好

明星的一举一动都会受到大众的关注，并且明星粉丝的数量是非常多的，忠诚度也相对更高。由于其影响力比普通主播更大，因此当明星出现在直播中与粉丝互动时，场面会更加火爆，对企业营销的效果也会更好。

但商家在选择这一方式进行营销时，应提前做好预算，并选择与商家商品贴合度较高的明星进行合作。

4.4 模式探索：推动营销新方式

要想实现直播营销的目的，还需要探索各种新鲜实用的模式。没有模式的创新，就无法达到更好的营销效果。本节将向大家介绍几种有效的营销模式。

4.4.1 "直播＋教育"，弥补传统方式

"直播＋教育"的模式发展得如火如荼，而各大教育机构也在不断探索更加精细的教育直播模式，实现营销的目的。图 4-11 所示为直播课程。

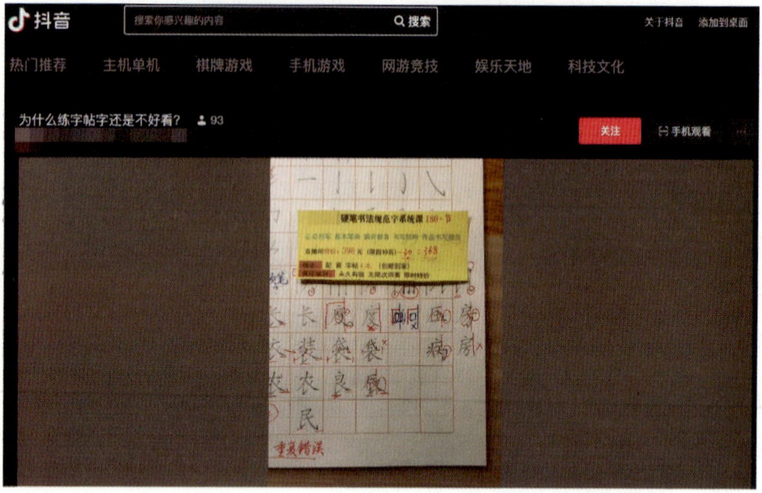

图 4-11

这种模式可以为学生提供优质而精良的教育资源，而且还能解决学生与老师双向互动的问题，可以说是教育直播的一个重大突破。

对于直播营销而言，教育直播的潜力很大，如此便捷的教育方式也会促进直播营销的发展。下面笔者将向大家具体介绍"直播＋教育"的相关内容。

1. 优势

利用"直播＋教育"的方式主要有 3 大优势，笔者总结如下。

1）从传统教育来看

"直播＋教育"的模式打破了传统教育所具有的个别地区优势局

限，将一、二线城市优质的教师资源共享到三、四线城市，弥补了教育资源的失衡，为三、四线城市孩子的教育问题提供了解决方案。

另外，随着在线教育的普及，"直播＋教育"的模式也为后进生成绩的提升提供了资源，进而满足后进生冲刺学习的需求。后进生可以根据自己的情况，查漏补缺，报名学习对应的直播课。

2）从社会群体来看

"直播＋教育"的模式可以让用户利用碎片化的时间获得知识的分享，所谓活到老学到老。"直播＋教育"模式让用户在主播生动有趣的讲述中轻松愉快地进行学习，让因为忙碌而没有时间学习却渴望学习的用户得到了满足。

3）从直播类型来看

教育直播可以让个人的才能得到提升和增值。通过平台，教育资源可以传递给成千上万个用户。那么该如何做好知识分享呢？教育直播不同于传播课程，因为平台上有众多的直播，想要从中脱颖而出得到更多流量，必须要有其特性或吸引性。教育直播的类型很多，不能局限于学校的教程、琴棋书画，也可以是生活中的常识、服装搭配和运动健身等技能。

2. 方法

了解其优势后，"直播＋教育"模式营销具体应该怎么做呢？以下笔者将详细介绍。

首先，在内容的安排上要具有趣味性。如科普类知识，在许多人眼里科学、数学、物理是枯燥乏味的。在此类直播中，主播就需要把知识趣味化、通俗化，可以将它与历史、哲学、社会学等其他学科结合起来，也可以提出一些趣味性问题与用户互动，引发用户自主思考，调动用户的积极性。

其次，找准你的直播内容的接受群体，根据群体的特性制定内容。如幼儿教育，则需要大量趣味性的图片和夸张的肢体语言。生动活泼的形象更能吸引幼儿的目光，也更易被幼儿所接纳。图 4-12 所示为早教小课堂直播间。

在线教育的发展大致经历了 3 个时期：初期是传统网校音频＋Flash 课件的 1.0 时代，如 101 网校。接着进入了 O2O（online to offline）大潮的视频录播 2.0 时代，最后到如今全民直播的 3.0 时代，具体如图 4-13 所示。

图 4-12

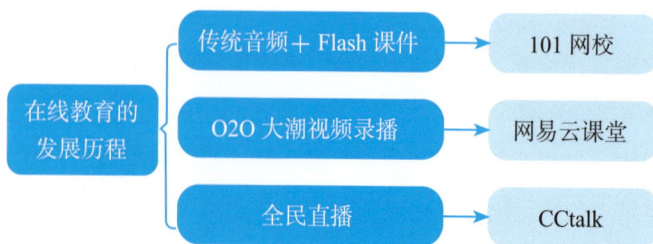

图 4-13

直播教育利用直播平台的弹幕形式解决了学生与老师之间的互动问题，增强了课程的交互性，消除了传统教育师生之间的距离感，同时直播课程所带有的回放功能，可以让学生针对不懂的知识点进行反复回顾。

4.4.2　秀场直播：打造视觉享受

说起直播的盈利，最初是从秀场直播中获取的。而这种视觉享受的经济变现模式中，最重要的就是主播。

主播的素质和特长基本上决定了营销的成功与否，而秀场直播平台的主要收入则包括以下 3 个方面。

❖　用户购买虚拟礼物。

❖　用户虚拟身份等级划分制度。

❖　用户在平台开爵位、开守护。

虽然秀场直播的营销模式比较简单，操作起来也很容易，但它的地位始终都是比较稳固的，因此这种模式也可以借鉴到抖音电商直播中，只是需要更多的探索和创新来不断改造和发展它。

4.4.3　内容转变：娱乐走向专业

直播从泛娱乐模式到垂直领域模式的发展，反映了直播从娱乐化到专业化的进阶。随着直播行业的不断发展，用户也渐渐对直播内容提高了要求，直播内容也越来越偏向于专业化。图 4-14 所示为古筝专业知识教学直播间。

图 4-14

垂直领域直播对专业知识有着更高的要求，对用户的纯度要求也很严，这刚好契合了用户的需求。而垂直领域之所以迈进直播平台，其原因有以下 3 点。

❖ 直播的娱乐性。

❖ 直播的视觉直观性。

❖ 直播的即时互动性。

同时，对于垂直领域来说，网络直播与垂直领域的结合有利于垂直领域突破瓶颈，找到新的发展机遇。对于网络直播来说，垂直领域的专业性提高了这一直播领域的门槛，减少了竞争。二者的合作对营销十分有利，同时还能为营销找到新的出路。

02　直播运营篇

第5章
开播技巧：
零基础开启抖音
带货直播

直播是抖音变现的一个重要板块，商家要想在抖音中获取收益，就需要做好直播。而要想做好直播，需要进行全面的准备。具体来说，商家首先需要了解抖音直播的基础知识，然后做好抖音直播的预热工作。

5.1 全面了解：抖音直播的基础知识

商家要想做好抖音直播，首先要对抖音直播有一定的了解。本节笔者就对抖音直播的一些基础知识进行讲解，让大家更好地为抖音直播带货做好准备。

5.1.1 直播入口：了解直播主要入口

大家可能只知道抖音可以开直播，但不知道抖音直播有几个入口，下面笔者就对抖音直播的主要入口进行讲解。

1. "关注"界面

在"关注"界面中，如果有抖音账号的头像下方出现"直播中"字样，那么用户只需点击头像即可进入该账号的直播间，如图 5-1 所示。

图 5-1

所以，商家如果想通过该入口获得更多直播流量，就要让账号获得更多粉丝，从而让更多抖音用户通过"关注"界面进入你的直播间。

2．"推荐"界面

在"推荐"界面中，观众可以通过点击抖音号的头像和直播展示画面进入直播间。具体来说，如果"推荐"界面中正在播放短视频，并且抖音号头像上方有"直播"字样，那么用户只需点击抖音号头像，便可直接进入直播间，如图 5-2 所示。

图 5-2

如果"推荐"界面中是直播展示画面，那么用户只需点击直播展示画面（除界面中各按钮和图标之外的任意地方），便可直接进入直播间，如图 5-3 所示。

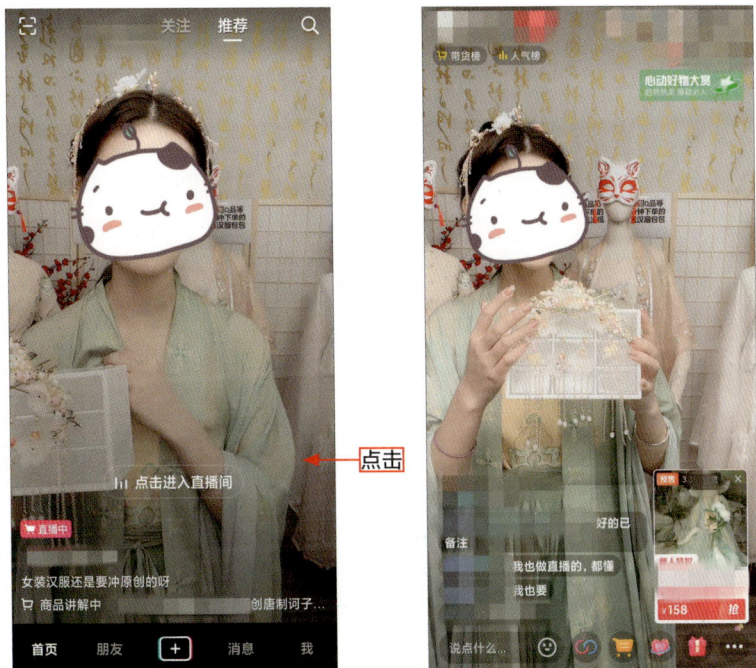

图 5-3

　　商家要想通过"推荐"界面获得更多直播流量，其短视频或直播内容要先成为抖音官方的推荐内容。抖音官方在选择推荐的内容时，一般会将内容的热度作为主要的参考因素。所以，商家要着重提高短视频和直播的质量，让更多用户积极参与，使短视频和直播获得更高的热度。

3．"同城"界面

　　抖音推荐分为全平台的推荐和同城推荐两种。"同城"界面中会为用户呈现同城的短视频和直播封面或画面，如果某个封面或画面的左下方出现了"直播中"字样，则用户只需点击该封面或画面便可进入对应的直播间，如图 5-4 所示。

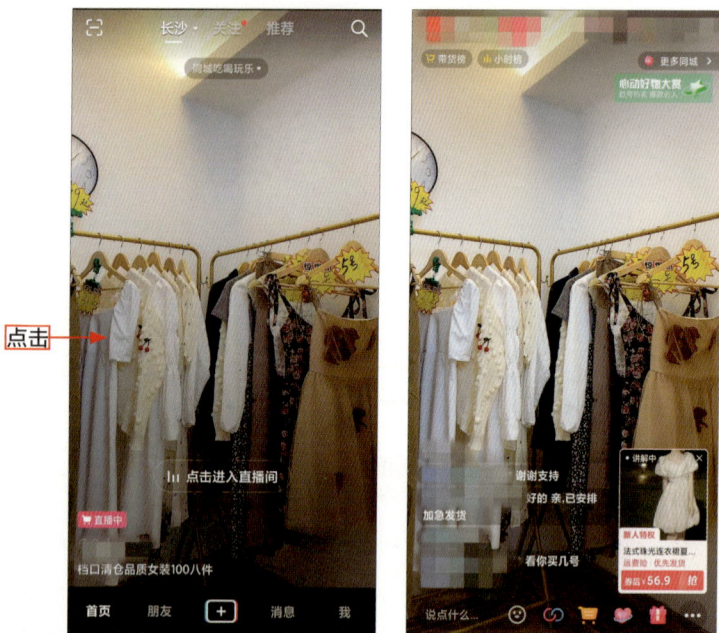

图 5-4

商家要想通过"同城"界面获得更多的流量，在开播时要做好定位。只有这样，你的直播封面或画面才会出现在"同城"界面中。

4．点击"直播"按钮

直接点击"推荐"界面中的"直播"按钮，用户可以随机查看直播。另外，用户在进入某个直播间之后，也可以搜索和查看其他直播。

用户在首页"推荐"界面中查看短视频时，可以进入平台推荐的直播间，如图 5-5 所示。进入某个直播间后，用户如果要查看或搜索其他直播，可以点击直播间右上方的"更多直播"按钮，如图 5-6 所示。

执行操作后，会弹出一个页面，该页面中会展示各种抖音直播的封面。用户可以根据自己的需求选择直播的类型，如果想查看某个直播，点击该直播的封面图即可，如图 5-7 所示。执行操作后，即可进入对应的直播间，点击左下方的相应图标，还可以返回上一个直播间，如图 5-8 所示。

图 5-5

图 5-6

图 5-7

图 5-8

　　用户也可以点击🔍图标，进入直播搜索界面，通过搜索关键词，查看带有对应关键词的直播间。

商家要想借助该直播入口获得更多的流量，一要提高直播的热度，增加直播的曝光率；二要在直播标题中添加用户搜索频率较高的词汇，这样便可让直播被更多用户搜索到。

5.1.2 具体步骤：如何开通直播

抖音直播变现的基础是开通抖音直播功能。其实，开通抖音直播很简单，商家只需进行实名认证即可。实名认证完成后，如果你收到了系统通知，便说明抖音直播功能开通成功了，如图 5-9 所示。

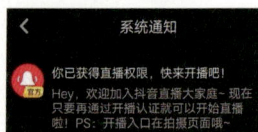

图 5-9

对于商家来说，抖音直播可谓一种促进商品销售的重要方式。那么，究竟要如何开通抖音直播呢？下面笔者就对开通抖音直播的具体步骤进行说明。

登录抖音短视频 App，点击■图标，如图 5-10 所示。执行操作后，进入"快拍"界面，点击"开直播"按钮，如图 5-11 所示。

图 5-10

图 5-11

执行操作后，点击"直播信息"按钮，如图 5-12 所示。主播可以根据自己的需求完善相关信息，如图 5-13 所示。

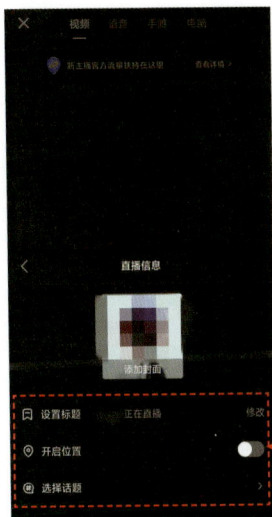

图 5-12　　　　　　　　　　　　图 5-13

5.1.3　直播数据：查看直播排行情况

在抖音直播的过程中，商家可以查看直播的排行情况，还可以通过与用户的互动来提高直播的排名，从而让更多用户看到你的直播。通常来说，商家可以重点查看两方面的直播排行情况：一是直播"小时榜"；二是搜索界面的"直播榜"。

1．查看"小时榜"

商家可以点击直播界面中的"小时榜"按钮，如图 5-14 所示。操作完成后，界面中会弹出一个提示框，商家可以在该提示框中查看"全站"直播的排行榜，以及当前直播间在全站的排行情况，如图 5-15 所示。

除了"全站"排行榜之外，商家还可以分别查看地区直播榜和直播"带货榜"。例如，某主播开直播的位置在湖南省境内，此时商家便可以点击提示框中的"湖南"按钮，查看湖南省内的直播排行榜，以及当前直播间在湖南省内的排行情况，如图 5-16 所示。

另外，点击提示框中的"人气榜"按钮，可以查看全站带货直播间的人气排行情况，以及当前直播间在全站带货类直播中的人气排行情况，如图 5-17 所示。

图 5-14

图 5-15

图 5-16

图 5-17

需要特别说明的是，上述 3 种榜单排名的依据是不同的，其中全站和地区直播排行榜的主要排名依据是直播间获得的音浪量（即用户赠送礼物的价值），而人气排行榜的主要排名依据是直播的热度。因此，如果商家要提高直播的排名，就要想办法让直播间获得更多音浪和热度。

2. 查看"直播榜"

商家可以在抖音首页点击🔍图标，如图 5-18 所示。执行操作后，进入抖音搜索界面，点击界面中的"直播榜"按钮，即可查看抖音"直播榜"的排行情况，如图 5-19 所示。

图 5-18

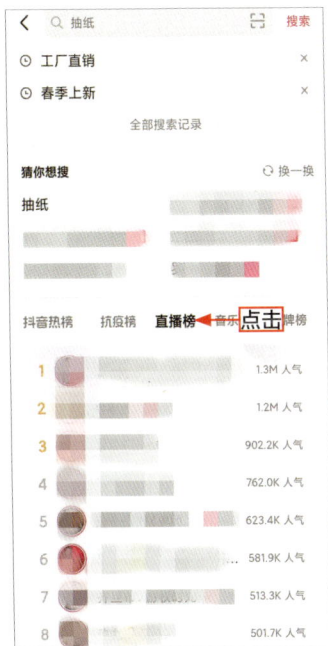

图 5-19

从图 5-19 中可以看到，抖音"直播榜"的主要排行依据是直播间的人气，因此商家要想提高自身直播在"直播榜"中的排名，就要提高直播间用户的参与积极性，让直播间获得更高的人气。

5.1.4　礼物赠送：直播查看礼物步骤

　　部分主播的直播收入主要来自用户赠送的直播礼物，那么用户要如何赠送直播礼物，主播又要如何获得更多直播礼物呢？

　　赠送直播礼物的操作非常简单，用户可以点击直播间右下方的 图标，如图 5-20 所示。执行操作后，界面中会弹出一个提示框。用户只需点击对应礼物下方的"赠送"按钮，便可将该礼物赠送给主播，如图 5-21 所示。

图 5-20

图 5-21

　　如果用户不知道如何赠送礼物，主播可以在直播过程中适当地进行讲解。当用户赠送礼物时，主播应该对用户表示感谢。而赠送礼物的用户在听到主播的感谢时，也会觉得自己送的礼物是值得的，并且在直播间的其他用户听到了主播的感谢后，也会因为情绪的带动，主动为主播赠送礼物。

另外，主播在直播过程中，也可以许下直播心愿，让用户看到你的直播目标，并引导用户赠送礼物，从而达成直播目标。具体来说，主播可以通过如下步骤许下直播心愿。

Step 01 进入抖音直播界面，点击界面中的◎图标，如图 5-22 所示。

Step 02 执行操作后，界面中会弹出"互动玩法"提示框。点击提示框中的"心愿"按钮，如图 5-23 所示。

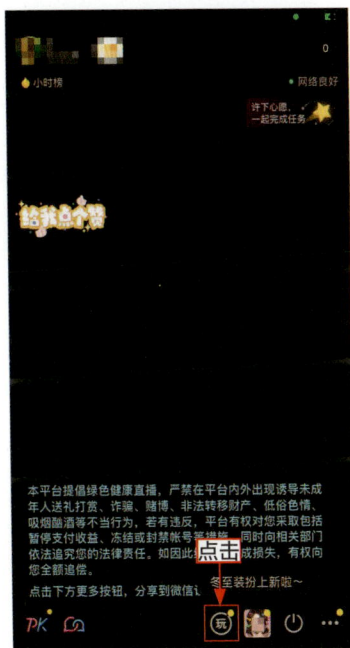

图 5-22

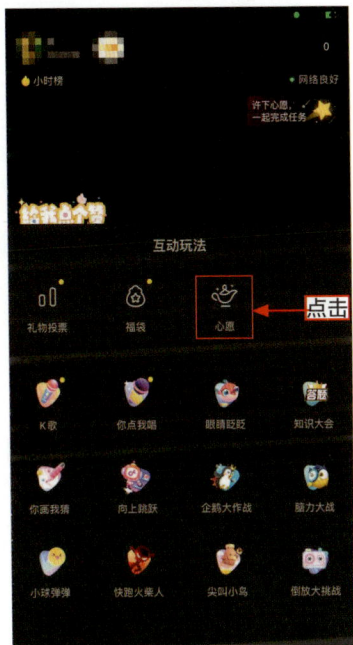

图 5-23

Step 03 执行操作后，界面中会弹出"今日直播心愿"提示框。在提示框中，❶设置礼物心愿；❷点击"许下心愿"按钮，如图 5-24 所示。

Step 04 执行操作后，返回抖音直播界面。如果界面右上方出现了"礼物心愿"的相关内容，就说明成功许下了直播心愿，如图 5-25 所示。

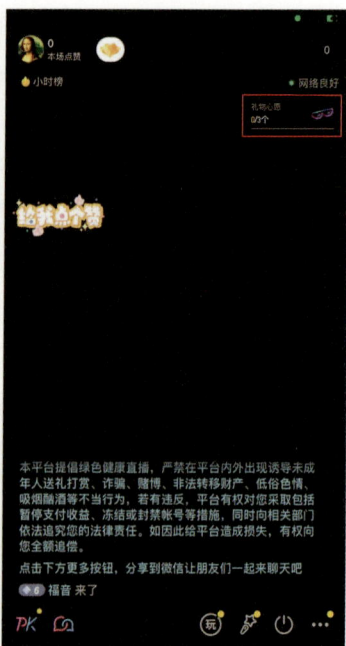

图 5-24 图 5-25

获得直播礼物之后，商家可以通过以下步骤进行提现，将直播礼物变现。

Step 01 在"我"界面中，❶点击▤图标；❷点击弹出的提示框中的"钱包"按钮，如图 5-26 所示。

Step 02 执行操作后，进入"钱包"界面，点击"我的资产（元）"板块，如图 5-27 所示。

Step 03 执行操作后，进入"我的资产（元）"界面，点击"我的收入"所在的区域，如图 5-28 所示。

Step 04 执行操作后，进入"我的收入"界面，点击"提现"按钮便可将收入提现，如图 5-29 所示。

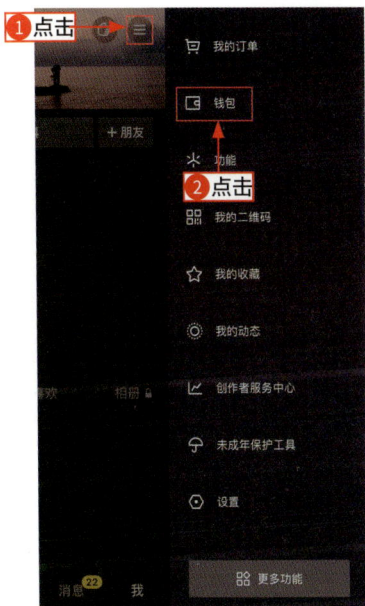

图 5-26

图 5-27

图 5-28

图 5-29

5.1.5 突发事件：解决直播常见问题

部分主播在直播过程中可能会遇到直播没声音、黑屏和卡屏等问题，那么这些问题要怎么解决呢？我们可以通过如下操作找到解决方法。

Step 01 登录抖音短视频 App，进入"我"界面，❶点击▤图标；❷选择"设置"选项，如图 5-30 所示。

Step 02 执行操作后，进入"设置"界面，选择"反馈与帮助"选项，如图 5-31 所示。

图 5-30

图 5-31

Step 03 执行操作后，进入"反馈与帮助"界面，点击界面中的"更多"按钮，如图 5-32 所示。

Step 04 执行操作后，进入"问题分类"界面，选择界面中的"直播相关"选项，如图 5-33 所示。

图 5-32

图 5-33

Step 05　进入"直播相关"界面，选择界面中的"主播开直播"选项，如图 5-34 所示。

Step 06　进入"主播开直播"界面，选择"直播相关"选项，如图 5-35所示。

图 5-34

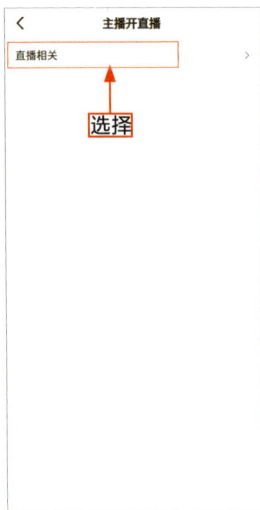

图 5-35

Step 07 进入"直播相关"界面，商家和主播只需选择对应问题的选项，便可以了解问题的解决方法。例如，商家可以选择"为什么直播时没有声音？"选项，如图 5-36 所示。执行操作后，即可进入"问题详情"界面，查看抖音官方给出的解决方案，如图 5-37 所示。

图 5-36

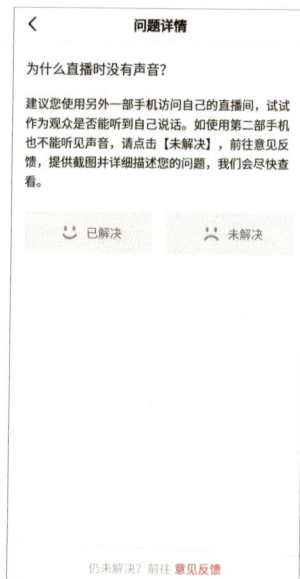

图 5-37

5.2 直播预热：做好直播的预告工作

在正式开启抖音直播之前，商家可以通过一些预热工作为直播进行造势，以吸引更多用户及时查看你的直播。

5.2.1 直播预告：让用户了解直播内容

在正式进行直播之前，商家可以先通过短视频进行直播预告，让用户了解直播的时间和关键内容，如图 5-38 所示。

这样，用户在看到短视频之后，便会明白你要进行直播了，而且用户如果对直播内容感兴趣，还会及时进入你的直播间。

图 5-38

5.2.2　直播时间：让用户了解直播时间

如果商家确定了直播的时间，可以将具体的开播时间告知用户，让用户能够第一时间观看你的直播。具体来说，商家可以通过如下步骤，对预告直播时间进行设置。

Step 01　登录抖音短视频 App，进入"开直播"界面。点击界面中的"设置"按钮，如图 5-39 所示。

Step 02　执行操作后，会弹出"设置"提示框。点击提示框中"预告直播时间"后方的"添加"按钮，如图 5-40 所示。

Step 03　进入"预告直播时间"界面，在

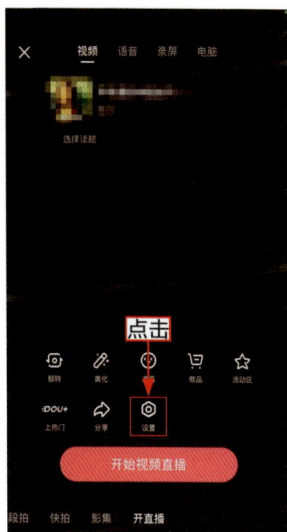

图 5-39

界面中设置直播的具体时间，设置完成后，点击"保存"按钮，如图 5-41 所示。

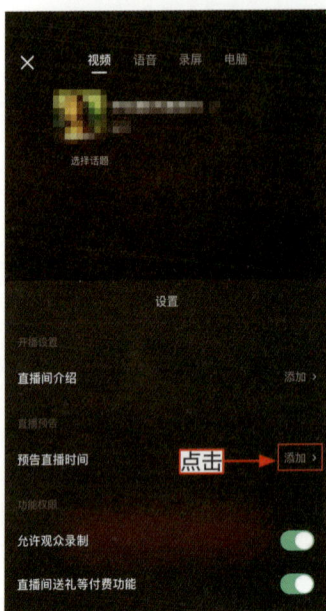

图 5-40

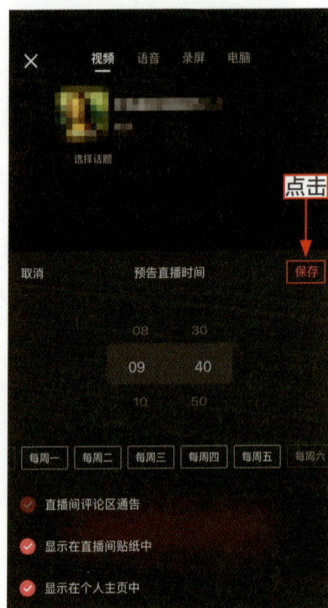

图 5-41

执行操作后，进入"我"界面，如果账号简介中出现了直播时间的相关信息，就说明预告直播时间设置成功了。

第6章

巨量百应：
抖音带货的商品
管理平台

对于在抖音上进行直播的商家或达人，巨量百应平台能够很好地帮助他们进行直播，提升他们的直播体验，使他们能更快、更好地促成交易。本章向大家介绍一下巨量百应平台以及平台中的商品计划、智能标签功能。

6.1　平台介绍：什么是巨量百应

巨量百应是一个综合性的商品分享平台，目的是为分享商品的达人、机构、服务商以及商家等提供一个完善的管理平台，该平台的推出极大地提升了达人带货运营的效率。本节笔者将为大家介绍到底什么是巨量百应。

6.1.1　功能介绍：3 大管理功能

目前来说，巨量百应平台主要有 3 大管理功能，下面笔者将为大家分别介绍这 3 大管理功能。

1．直播间商品管理

巨量百应平台可以在直播时对商品进行管理。但是，目前直播间商品管理功能正在逐步下线，商家需要在"直播中控台"中对商品进行管理，如图 6-1 所示。

图 6-1

如图 6-2 所示，商家进入"直播中控台"便可以看到"直播商品"栏目，商家或达人在直播时可以在这里进行商品管理操作。

图 6-2

2．橱窗商品管理

巨量百应可以对橱窗中的商品进行管理，管理功能主要包括以下 4 个方面，如图 6-3 所示。

添加	巨量百应支持抖音小店、京东、淘宝等多个平台。如果商家绑定了抖音小店的店铺，添加的商品便是绑定的那个店铺里面的商品，这种方式没有佣金
置顶	商家可以选择单个商品置顶，也可以选择多个商品置顶。商家选好商品后，点击"置顶"按钮即可
更新	商家在更新的时候，选择相关商品，点击"更新"按钮即可。商家可以同时选择多种商品
移除	将需要下架的商品进行移除，商家只需点击"移除"按钮即可

图 6-3

商家在巨量百应商品管理页面，❶首先单击"橱窗商品管理"按钮；❷然后单击"添加商品"按钮，即可添加橱窗商品，如图 6-4 所示。

图 6-4

3. 数据参谋

为了帮助商家、达人全面了解自己直播间的数据，以便下次更好地进行直播带货，巨量百应平台设置了数据参谋板块。目前，该板块主要包括5个子模块，分别为核心数据、内容分析、交易分析、商品分析、商家分析。

1）核心数据

核心数据主要包括今日业绩、核心指标两个方面。今日业绩主要是商家或达人用来查看当天的成交订单数、成交人数、新增粉丝数等数据的，如图 6-5 所示。

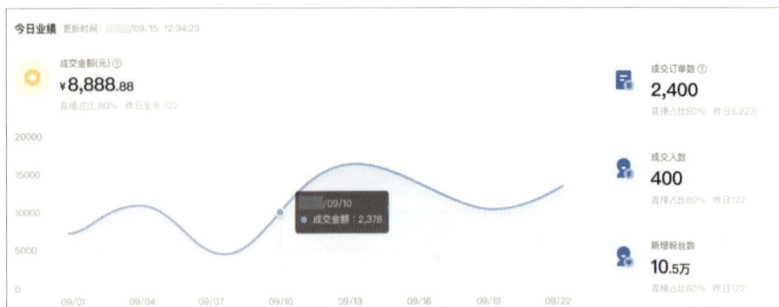

图 6-5

核心指标主要用来查看商品总访客数、商品总点击人数、成交人数等数据，如图 6-6 所示。商家可以选择单个商品，也可以选择多个商品查看。

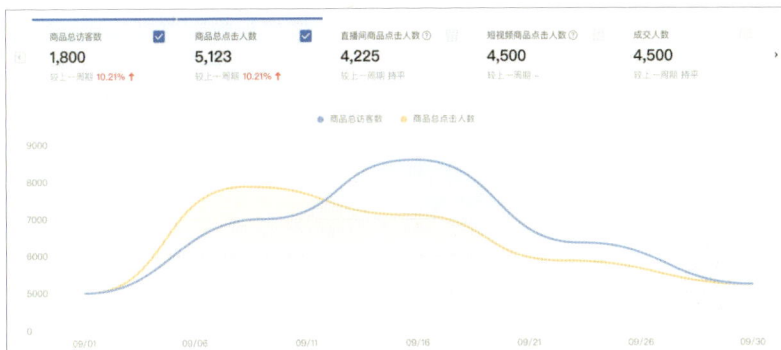

图 6-6

2）内容分析

内容分析模块主要是帮助商家、达人通过了解直播或短视频的整体数据情况并对其进行分析，从而及时调整直播内容，提升直播的变现能力。内容分析模块主要包括直播间概览、今日直播、短视频明细、短视频概览 4 个方面。

直播间概览主要包括一定时间内的开播场次、开播时长、商品曝光人数、商品点击人数、直播间新增粉丝数等数据，如图 6-7 所示。

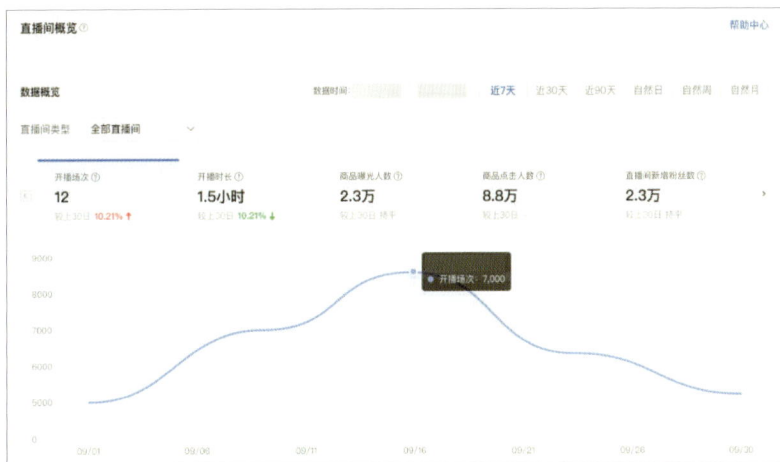

图 6-7

今日直播主要是用来查看商家、达人每场直播的数据，包括上架商品、成交订单、直播期间成交金额、累计观看人数等数据，如图6-8所示。

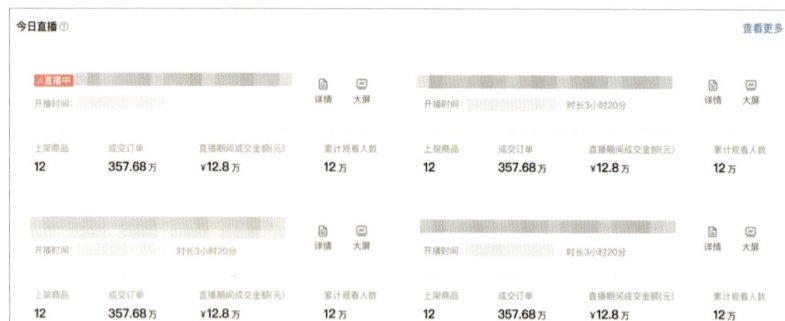

图 6-8

短视频明细主要包括某段时间内的播放次数、点赞次数、分享次数、完播率等数据，如图 6-9 所示。商家可以选择其中一两个指标进行查看。

图 6-9

在短视频概览模块中，商家、达人可以查看视频播放次数、视频点赞次数、完播率、商品展示次数、商品点击次数等数据，如图 6-10 所示。

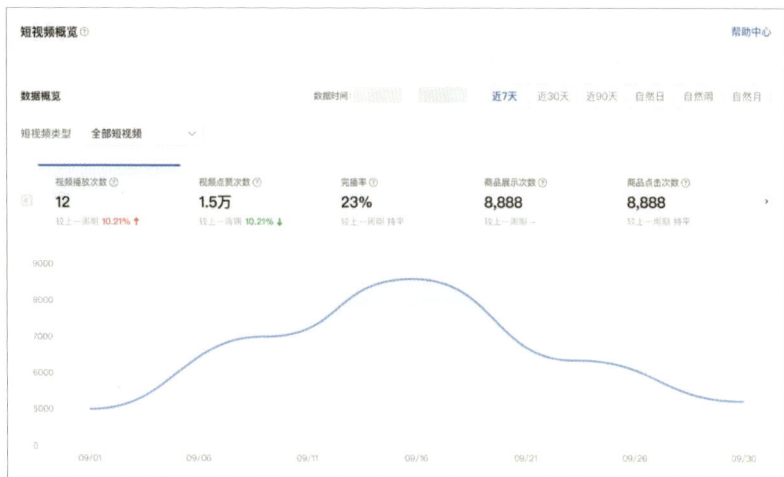

图 6-10

3）交易分析

交易分析主要包括交易概览、交易构成两个方面，其中交易概览主要是用来查看小店和第三方平台成交相关的核心数据指标以及变化情况等，如图 6-11 所示。

图 6-11

交易构成主要指的是小店成交数据的来源、渠道、粉丝与非粉、新客与老客等方面的占比情况。

4）商品分析

商品分析主要有商品概览、成交详情两个模块。图 6-12 所示为商品分析的相关指标。

图 6-12

5）商家分析

商家分析主要是帮助商家、达人查看合作商家的交易指标、售后指标、评价指标等数据，如图 6-13 所示。

图 6-13

6.1.2　用户类型：哪些用户可以登录

进入巨量百应平台需要满足如下 4 个条件。

❖　账号实名认证。

❖　个人主页视频数量不少于 10 条。

❖　账号粉丝数量不少于 1000 个。

❖　缴纳了商品分享保证金。

因此，巨量百应平台仅支持以下 5 类用户登录，其他用户不能登录该平台。值得注意的是，最后 3 种用户只有收到巨量百应平台内部发送的邀请码才能登录使用。

❖　开通了商品分享权限的抖音达人。

❖　有小店精选联盟权限的商家。

❖　管理达人的各 MCN 机构。

❖　没有入驻抖音小店，但是被邀请合作的外部商家。

❖　和抖音平台对接的各大电商平台。

6.1.3　入驻优势：入驻有哪些优势

巨量百应平台的推出本身就是为了帮助商家、达人更好地开展直播活动，促进销量，提升店铺知名度。入驻巨量百应平台对于抖音达人来说，主要有以下两个好处。

1. 提升带货效率

巨量百应平台能够让达人在直播时，随时删除、添加商品或调整商品的排序等，帮助达人在直播时节省了大量的商品设置时间，让观众能够快速地了解到相关的商品信息，极大地提升了带货的效率，而这在一定程度上也能够提升 5% 左右的成交率。

2．实时了解带货数据

在巨量百应平台中，商家和达人可以随时观看自己每一场直播的数据，包括直播进行时的数据。商家能够快速地了解观众喜欢的商品类型、价格等信息，极大地方便了商家、达人的数据分析和播后复盘。

6.2 商品计划：助你快速添加商品

每次下播后，商品列表便会被清空，等下次直播时，又需要重新进行添加商品、设置卖点等操作，有时候商家根本就兼顾不过来。而巨量百应平台中的直播商品功能便能很好地帮助商家快速添加商品。

6.2.1 具体过程：创建直播商品计划

巨量百应平台中的商品计划主要包括 3 个步骤，分别是开播前、开播中、关播后，如图 6-14 所示。

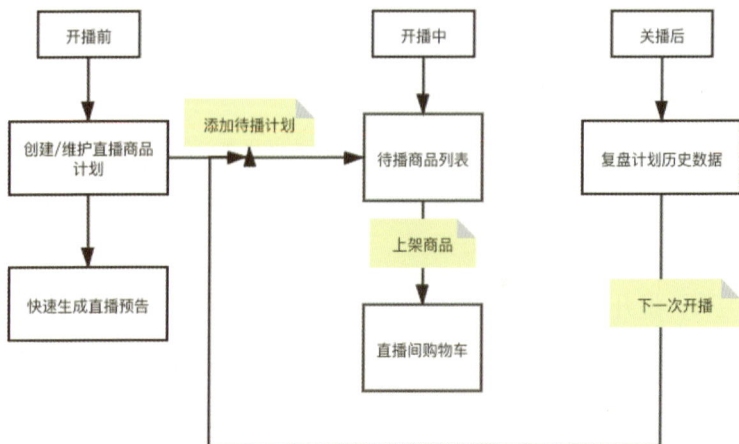

图 6-14

如何在开播前创建商品计划呢？商家登录巨量百应平台后，❶进入"直播管理"页面；❷选择"直播商品计划"选项；❸单击"立即创建"按钮，如图6-15所示。

图6-15

执行操作后，❶填写基础信息；❷单击"添加商品"按钮，如图6-16所示。

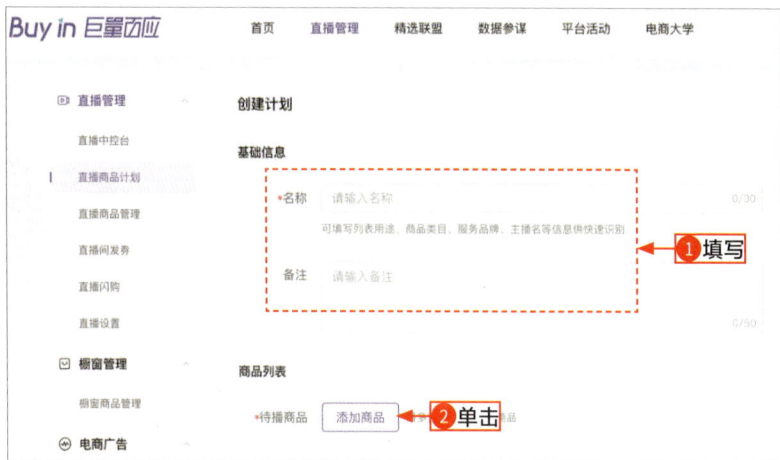

图6-16

在"添加商品"页面，选择需要上架的商品，如图 6-17 所示。值得注意的是，每个直播计划中商品至少要有一个，最多不超过 100 个。

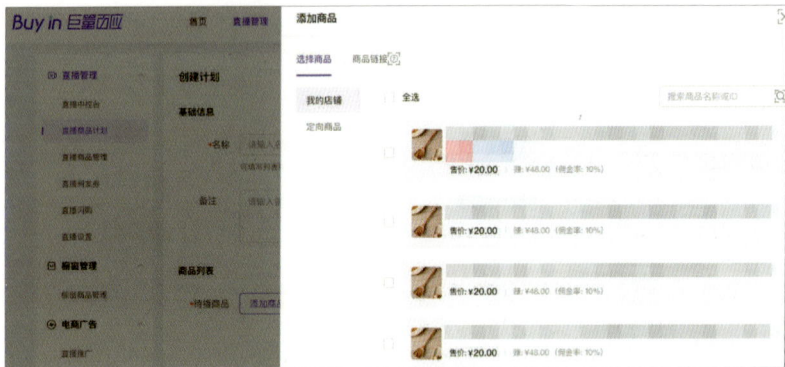

图 6-17

添加好商品后，单击"创建"按钮，如图 6-18 所示。

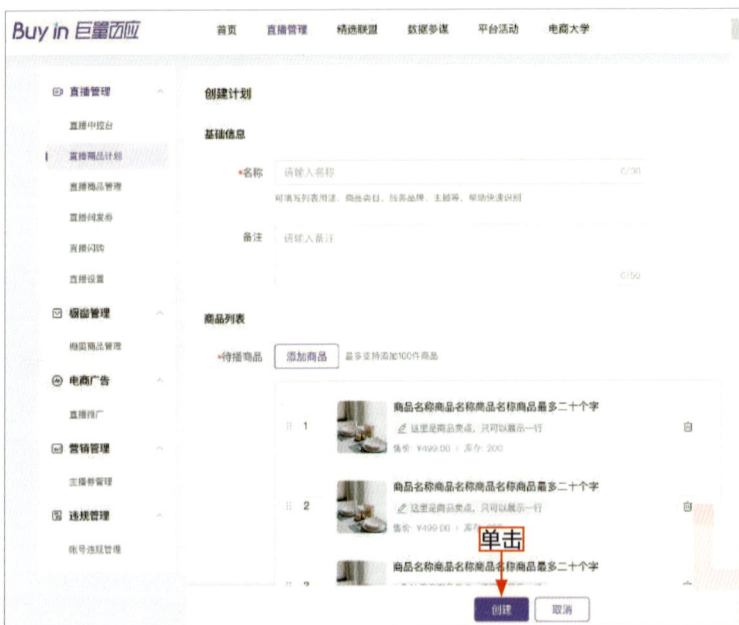

图 6-18

值得注意的是，如果你之前并没有开过直播且没有添加过商品，则❶进入"直播管理"页面；❷单击"前往直播计划"按钮，如图 6-19 所示。

此外，在开播前，商品计划还可以帮助商家、达人快速创建直播 预告，单击"发布预告"按钮即可，如图 6-20 所示。而且创建好商品 计划后，商家还能够对列表中的商品进行查看、删除等操作。

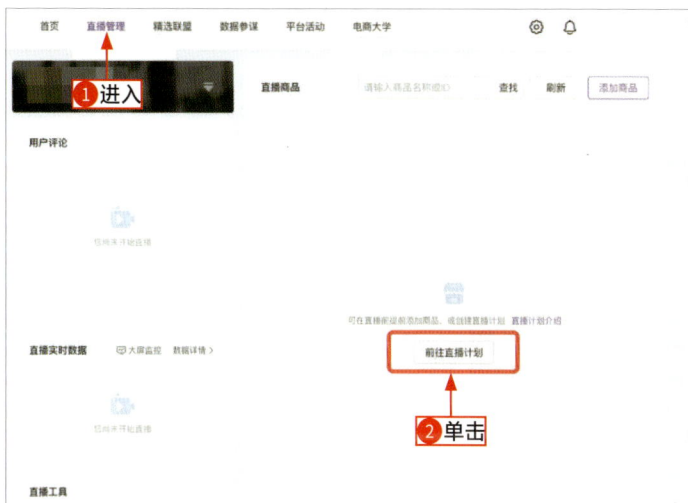

图 6-19

图 6-20

6.2.2　商品提词：设置商品提词卡

目前，巨量百应平台还配置了商品提词功能，可以全方面提升商 家直播体验，具体操作步骤如下。

Step 01 商家登录巨量百应平台后，❶进入"直播管理"页面；❷选择"直 播中控台"选项；❸选择"设置提词"选项，如图 6-21 所示。

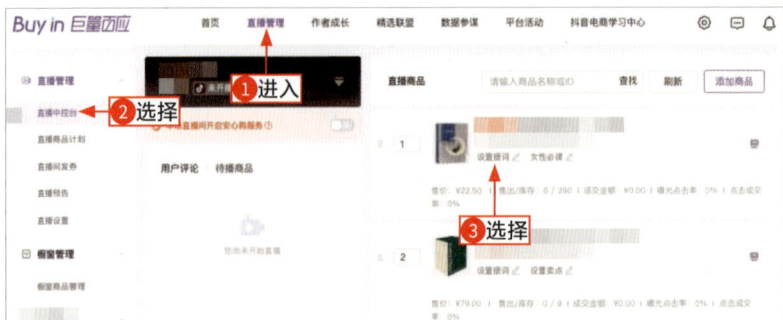

图 6-21

Step 02 执行操作后，输入自己想要的提词内容，如图 6-22 所示。

图 6-22

Step 03 单击"预览提词板"按钮，可以看到提词预览的情况，也方便商家随时更改提词，如图 6-23 所示。

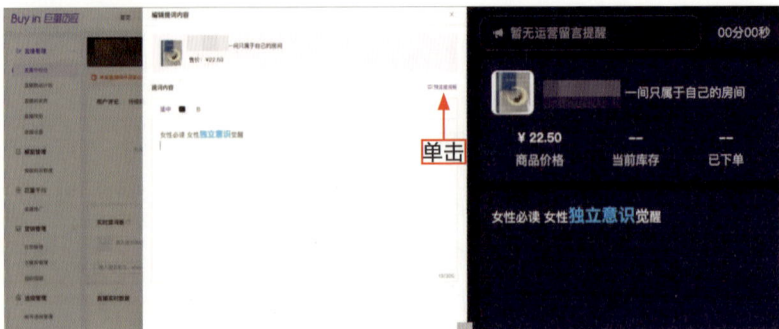

图 6-23

Step 04 执行操作后，设置好提词的商品便会显示"词"字样，如图 6-24 所示。

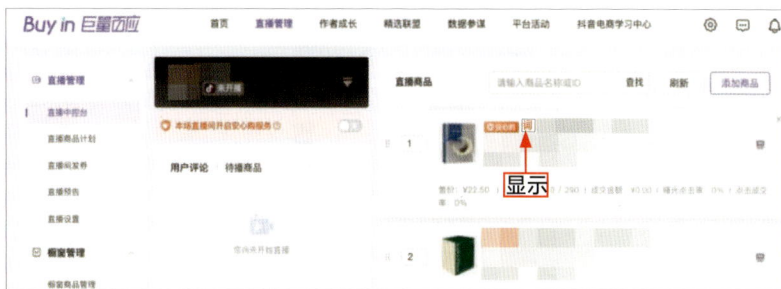

图 6-24

6.2.3　评论管理：助你解决评论困扰

在巨量百应平台中，还上线了直接回复评论和禁言的功能，帮助商家能够快速、直接管理直播间的评论，具体操作步骤如下。

Step 01 商家在直播时登录巨量百应平台，❶ 进入"直播管理"页面；❷ 选择"直播中控台"选项，如图 6-25 所示。

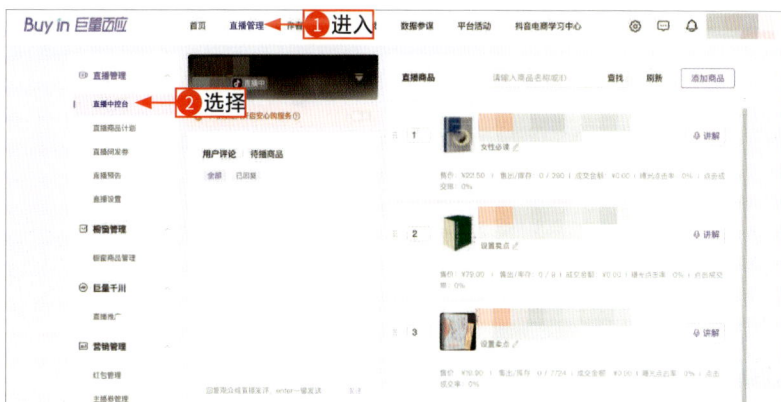

图 6-25

Step 02 当直播间的观众评论后，单击 图标，如图 6-26 所示。

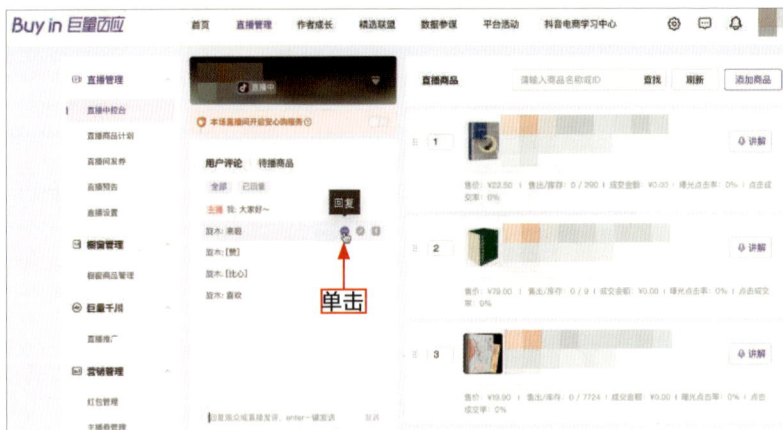

图 6-26

Step 03 执行操作后，❶在输入框中输入回复的消息；❷单击"发送"按钮，如图 6-27 所示。

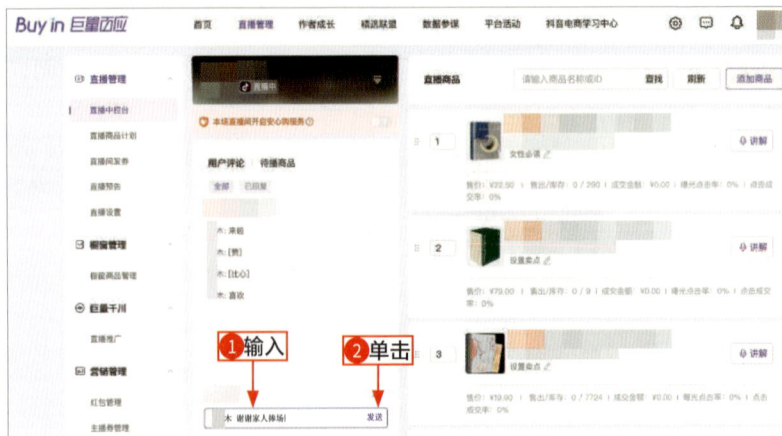

图 6-27

Step 04 如果商家想要禁言某用户的话，单击 ◎ 图标，如图 6-28 所示。

Step 05 执行操作后，页面会弹出相应的确认对话框，单击"确定"按钮，即可完成对某用户的禁言操作，如图 6-29 所示。

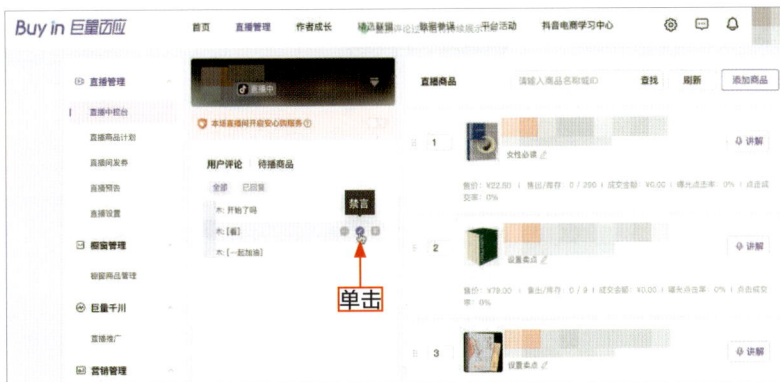

图 6-28

图 6-29

6.3　智能标签：巨量百应智能商品标签

智能标签能够帮助商家清楚地了解到哪些是高价值、高点击、高转化的商品，以便商家能够快速调整商品顺序，促成交易。

6.3.1　全面了解：什么是智能商品标签

智能商品标签是帮助商家优化商品、促进销售的最佳商品辅助决策助手。在直播时，智能商品标签能够为商家推荐有潜力的商品，进而帮助商家能够快速、有效地调整直播运营策略。

智能商品标签主要有 3 个特点，分别是实时性强、全方位、智能化，如图 6-30 所示。

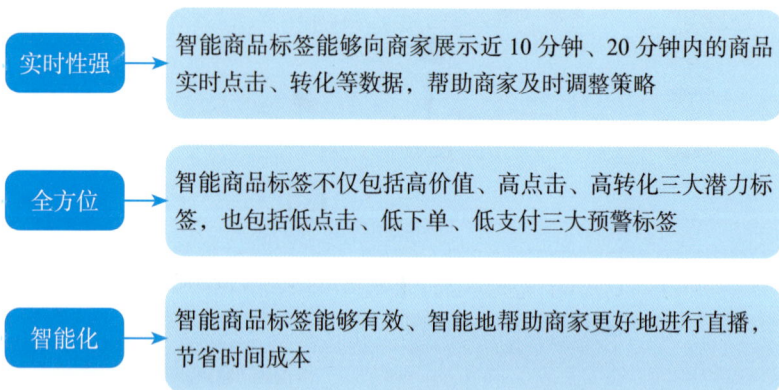

实时性强	智能商品标签能够向商家展示近 10 分钟、20 分钟内的商品实时点击、转化等数据，帮助商家及时调整策略
全方位	智能商品标签不仅包括高价值、高点击、高转化三大潜力标签，也包括低点击、低下单、低支付三大预警标签
智能化	智能商品标签能够有效、智能地帮助商家更好地进行直播，节省时间成本

图 6-30

智能商品标签一共有 6 个种类，如图 6-31 所示。

高价值	每千次曝光产生的成交金额排名购物车靠前	低点击率	商品曝光数较高，但曝光-点击转化率在购物车排名靠后（曝光和点击数据包括讲解卡+购物车商品列表，不包含商品详情页）
高转化	商品成交订单数排名购物车靠前	低下单率	商品购物车点击数较高，但点击-下单转化率在购物车排名靠后（点击数据包括讲解卡+购物车商品列表，不包含商品详情页）
高点击率	商品点击率排名购物车靠前	低支付率	商品订单数高、但下单-支付流失高，支付率在购物车排名靠后

图 6-31

6.3.2　使用方式：怎么使用智能商品标签

智能商品标签在每次开播前都要手动开启。商家、达人登录巨量百应平台，❶进入"直播管理"页面；❷选择"直播中控台"选项；

❸单击"开启"按钮，如图 6-32 所示。

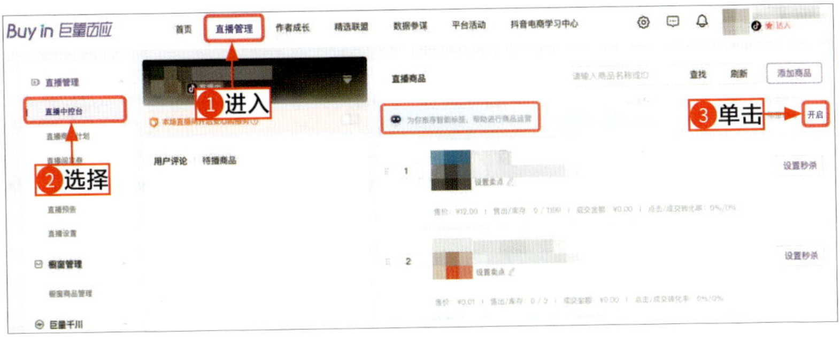

图 6-32

如图 6-33 所示，在商家开启商品智能标签后，便可以看到商品标签，当这些标签出现红点时，便可以查看相应的商品以及数据。

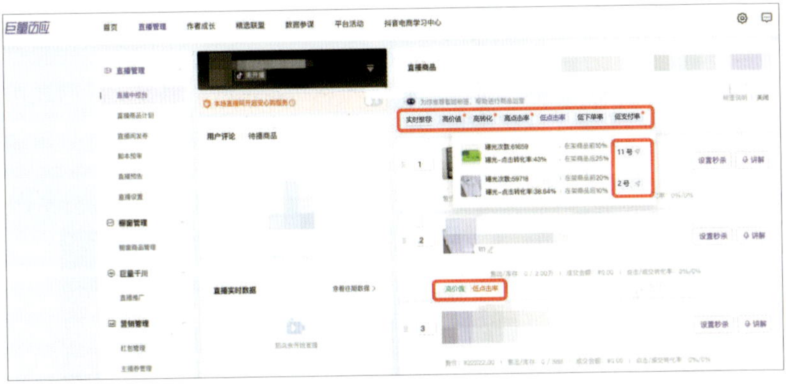

图 6-33

6.3.3　3 大场景：智能商品标签使用技巧

了解了智能商品标签的相关情况后，下面笔者将为大家介绍智能商品标签使用的 3 大场景。

1. 讲解顺序、购物车排序的实时调整

在直播时，达人可以根据自己讲解的情况，随时调整商品列表的排序，同时也可以根据智能标签的情况，实时调整商品的顺序，如图 6-34 所示。

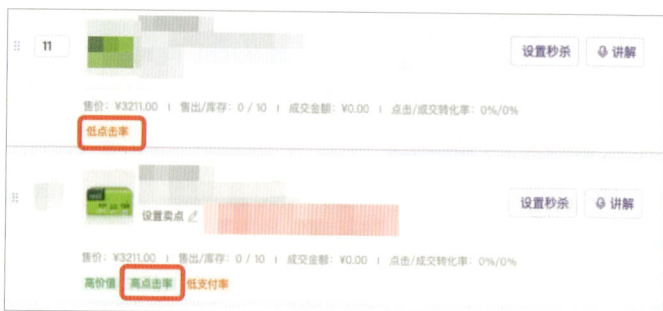

图 6-34

例如，当直播间内的商品出现了"高点击率"的智能标签时，商家便可以将这个商品调整到商品列表的前面；而出现"低点击率"时，就说明这个商品不够受欢迎，因此可以将这个商品适当放在下面。

2. 营销玩法的精细化运营

根据智能商品标签，商家可以随时调整直播间的节奏，同时还可以采用商品优惠券、购物红包、超级福袋、限时限量购等方式来带动直播间的氛围，如图 6-35 所示。

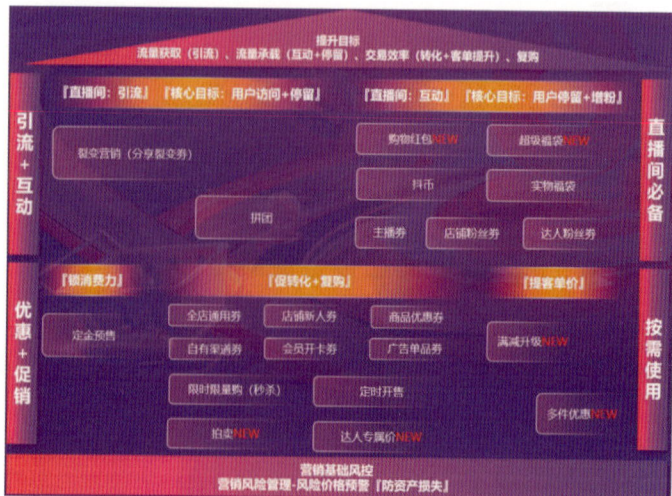

图 6-35

3．为返场、复播提供决策参考

智能商品标签能够让商家了解到哪些商品是深受观众喜欢的，哪些商品是观众不太感兴趣的，这样商家在下次直播时便可以上架观众喜欢的商品，而对于观众不太感兴趣的商品可以采用组合销售或给予一定的价格优惠等措施来吸引观众进行购买。

如图 6-36 所示，商家可以在后台看到商品的点击次数、下单转化率等，这些数据可以为商家、达人的返场、复播提供决策参考。

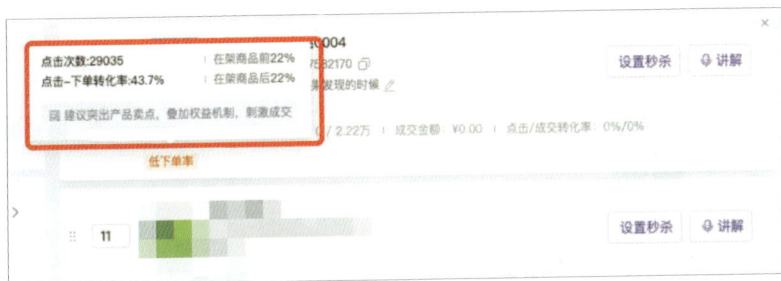

图 6-36

> **特别提醒**
>
> 值得注意的是，智能商品标签是实时更新的，当出现低下单率的时候，如果你正在直播间内讲解其他商品，可以灵活地提及该商品的优惠活动、促销活动等，提高观众对该商品的兴趣。如果你正在讲解该商品，则可以适当地进行变通，强调运费少、商品特色等，打消用户的顾虑。

第7章
标题设计：
吸引更多人观看
直播

本章主要介绍直播间爆款标题的设计技巧，提供了 7 条直播标题的设计思路和 5 条热门直播间命名的规律，帮助大家解决直播间标题设计的难题。

7.1　标题设计思路：展现特色的直播标题

很多用户想要进行直播，但是不知道该如何给直播间设计标题。在本节中，笔者将为大家介绍一些直播间标题设计的方法。

7.1.1　经验分享：授之以"渔"型

在生活中，包含经验分享内容的标题特别受用户喜爱，因为用户经常以带有目的性的姿态去观看直播，想在直播中收获某一方面的经验与诀窍总结。图 7-1 所示为经验分享式标题，通过这个标题可以猜到，主播是想向用户分享相关的经验。

图 7-1

当然，这种直播内容对主播的逻辑性要求很高，一般是主播通过将各平台上大量的同款商品进行对比，最终给用户一个简单明了的结论，用户观看之后可以少走弯路。

值得注意的是，经验式标题下的直播内容，需要具有一定的权威性和学术性，或者至少经验性较强，当然也可以是分享主播自身特有的经历，或者在个人体验上能够带给大家参考的经历。

7.1.2　专家讲解：利用专业权威性

所谓"专家讲解"类标题，是以表达观点为核心的直播间标题形式，一般会在标题上精准到人，会将人名和群体名称放置在标题上，在人名和群体名称的后面会紧接着补充对某件事的观点或看法。下面就来看几种专家讲解类标题的常用形式，具体内容如下。

专家类直播展示标题在运用中有许多形式，在直播中通常也会邀请专家或者教授进行采访，或者参与共同直播。

一类是"某某专家亲自"形式，这类标题先表明专家的领域、身份，然后将直播内容讲述出来，很好地突出了直播的重点，同时也让用户可以一眼就能看明白内容。图 7-2 所示就是采用此类形式的直播间标题。

图 7-2

另外，观点展示标题还有一种形式，那就是对提出观点的人做了水平或其他方面层级定位的直播标题形式，也可以说是上面所讲的基础标题形式的变体。它意在通过提升主播的层级定位来增加标题观点和直播内容的可信度。

7.1.3　提出疑惑：引起用户注意

疑惑自问式直播间标题又称问题式标题、疑问式标题。问题式标题可以算是知识式标题与反问式标题的一种结合，以提问的形式将问题提出来，但用户又可以从提出的问题中知道直播内容是什么。一般来说，问题式标题分为两类，有 6 种公式。商家只要围绕这 6 种公式撰写问题式标题即可。

第一类是疑问前置句，公式如下。

（1）"什么是 _____ ？"

（2）"为什么 _____ ？"

（3）"怎样 _____ ？"

（4）"如何 _____ ？"

第二类是疑问后置句，公式如下。

（1）" _____ 有哪些技巧？"

（2）" _____ 有哪些秘诀？"

下面来欣赏一则问题式标题案例。图 7-3 所示为疑问前置式标题，这类标题通常将疑问词放在最前面，从而引起用户的注意，当用户看见如"为什么、如何、怎样"等一系列词语时也会产生相同的疑问，从而引导用户点开直播寻求答案。

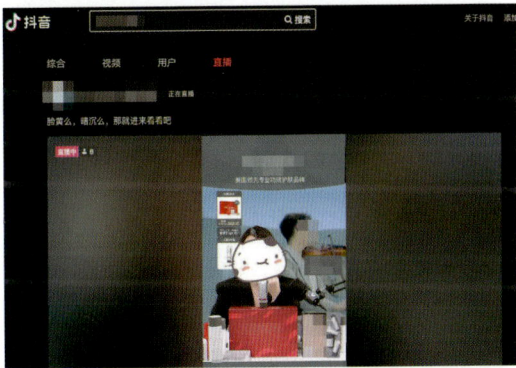

图 7-3

疑问后置式标题是将疑问词放在标题末尾，以引起用户兴趣。人们往往对"秘诀、技巧、秘籍"等词汇具有很强的兴趣，用这一系列的词汇给人们普及一些小常识或小知识，可以方便人们的生活。人们在面对这类标题时，也会抱着学习的心理去观看直播，也就增加了直播的点击率。

7.1.4 数字冲击：增强视觉冲击力

数字冲击型标题也叫统计冲击型标题，其形式是在直播标题中展示具体的数据。一般来说，数字对人们的视觉是很有冲击效果的，一个巨大的数字能与人产生心灵的碰撞，很容易让人产生惊讶之感，人们一般看到数字，都会想得知数字背后的内容。

下面就来欣赏几则统计冲击型的标题。图 7-4 所示为单一数字型标题，这类标题往往只有一个特别大或者极其小的数字，根据不同的直播内容在标题里运用一个极大或者极小的数字，可以起到令人惊讶的效果。

图 7-4

图 7-5 所示为多数字对比型标题，这种标题往往采用一大一小的数字作对比的方式出现在标题中，一大一小的强烈对比和巨大差异会给人造成一种视觉上的冲击和震撼。

图 7-5

数字往往使人敏感，人们想通过这些差异巨大的数字得到隐藏在数字背后的信息。所以，当用户看到这样一大一小的数字作对比型直播标题时，就会想要点进直播间去一探究竟。

7.1.5　十大总结：提升范围影响力

"十大总结"是指将物品进行十大总结和排名，如"十大好物推荐""十大撩人小心机""名牌十大国产""瑞士十大品牌机械表""十大品牌鱼竿手竿日"等直播间标题。

"十大"型标题的主要特点是传播范围广、在网站上容易被转载、容易产生一定的影响力。此外，"十大"一词代表的是选择和优化之后的结果，留下的内容都是编者已经选择好、筛选好后的精华部分，这类的标题通常也能带给用户更好的阅读体验。

7.1.6　同类对比：突出商品优势

同类对比型标题是通过与同类商品进行对比，从而突出自己商品的优势，加深用户对商品的认识和理解。

同类对比型标题有一部分只是同类商品的一个大盘点，各类商品的优缺点都有所展示，不刻意突出某一商品的功能，不带功利性质，如盘点同一类小吃在不同地区所呈现的味道、盘点某某地景区、盘点中国历史上的勇猛武将、盘点某国漫中的人物等。

带有功利性质的同类商品对比则较为明显，将两款不同品牌的商品拿出来进行对比，突出某一商品的优点或是突出自身商品的特点。如不同品牌在同一时期发布的两款手机的性能对比，或者是不同品牌价格相差无几的空调进行节能对比，为突出某商品或为贬低某商品。

同类对比的商品，大都有某些相似之处，如价格、性能、特色等，分条逐列地将对比展示出来。对比式标题还可以加入悬念式标题的手法，既运用了对比，又有悬念，能更加突显标题的特色，吸引消费者的注意力。

7.1.7　流行词汇：提高直播潮流性

流行词汇型直播间标题，就是将网上比较流行的词汇、短语、句子（如"我不要你觉得，我要我觉得""我太难了""硬核""柠檬精""淡黄的长裙""绝绝子"等）嵌入直播间标题中，让用户一看就觉得十分有新意，很搞笑。

这种网络流行词用法常常被运用在微信朋友圈、微博中。因为这一类网络流行语传播起来速度极快，读起来既诙谐幽默又朗朗上口，在直播间文案撰写中也经常被用到，十分夺人眼球。图 7-6 所示为流行词汇直播标题案例。

图 7-6

流行词汇的运用紧跟时代潮流又充满创意，有夺人眼球的吸睛效果，用户十分乐意去点击这一类型的直播间。

7.2　命名规律：帮助主播提高直播热度

掌握 7 大直播标题的设计思路之后，我们分析一下热门直播间的命名具有怎样的规律，总共归结为 5 条，接下来将为大家一一陈述。

7.2.1　热词型：抓住用户注意力

在撰写直播间标题的时候，仅仅注重标题的形式是不够的，还要学会如何在标题中用关键词吸引用户，增加直播间的点击量和曝光率。

1．免费

在标题中适当且准确地加入"免费"一词，可以很好地吸引用户，如图 7-7 所示。在直播间的标题当中，"免费"一词可以很好地抓住用户的某种心理，当用户在看到标有"免费"一词的标题时，往往会不自觉地想去查看是什么东西免费和它的免费程度，从而吸引用户点击和进入直播间。这一方法在直播间的标题打造之中起着不可忽视的作用。

图 7-7

说是"免费"，其实并不代表就是真正意义上的免费，"免费"一词出现在直播间的标题里也只是一个噱头，就是为了吸引用户的注意，从而达到让用户进入直播间的目的。在商业营销中，"免费"一词也有着十分广泛的应用，但它在"商业战场"上有一个特定的专业名词——"免费式营销"。在直播间的标题之中加入"免费"一词实质上也是一种"免费式营销"。

"免费式营销"是一种基于消费者心理而提出的市场营销策略。相对于花钱来说，消费者更喜欢不要钱也能得到的东西，这个理念的提出也正是因为抓住了消费者的这一心理，可谓"对症下药"。

2．"全新""新发布"

"全新"和"新发布"皆有表示发生了改变的意思，这两个词汇放在直播间的标题当中，能让用户对直播内容产生新鲜感。

"全新"的意思就是与之前相比发生了天翻地覆的变化，和之前的完全不一样了。这类标题所体现的内容一般都是经过一段时间的蛰伏或是消失了一段时间之后的重新回归。

带有"全新"一词的标题多指某商品的重新面世，所针对的用户也大部分是以前的老用户，通过对之前的商品加以完善和优化，然后进行商品宣传，也能在很大程度上吸引新的用户注意和尝试。

"新发布"一词也是代表某一商品的公布，给人的感觉较为正式。"新发布"一词代表了消息具有很强的时效性。从用户的心理上来研究，人往往喜欢在某些事上做第一个知道的人，然后去分享给别人，这就是人所谓的"存在感"。许多电子商品的直播标题都会用到"新发布"一词。

3．"清库存""最后"

在电商直播标题中，常常会加入"清库存"一词，如图 7-8 所示。这样的标题给人一种时间上的紧迫感，如同过时不候，能促使用户赶紧点击下单以免错过。

图 7-8

"最后"一词在直播间的标题当中有着警示提醒的作用，当用户看到"最后"一词时，便会产生一种想要赶紧进入直播间，否则心仪的商品就会没有了的感觉。图 7-9 所示为标题中加入了"最后"词汇的直播间。

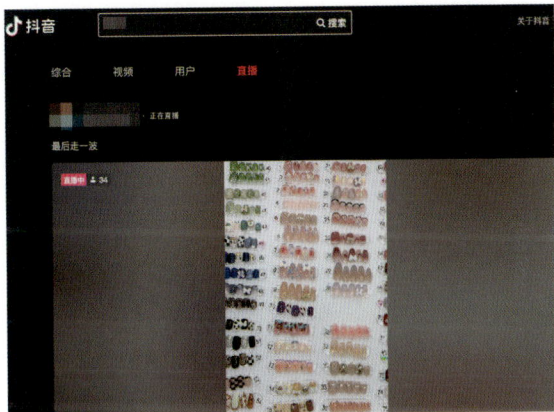

图 7-9

4．"现在""从今天开始"

在直播间标题当中，"现在"和"从今天开始"均代表一个时间节点，这类标题所讲的内容也是在这个时间节点之后才发生的事情。

"现在"是一个现在进行时态的词语，它表示当下的这一刻，也可以是当下的一段时间。当这一词汇出现在直播间的标题当中时，就说明了直播的内容是贴近用户的生活和当前时期的，人们所关注的大都是自己身边或是这段时期内所发生的且与自身息息相关的事情，当看见标题当中有"现在"一词，用户就会点进直播间去看看自己身边或这段时间发生了哪些事情。

"从今天开始"表示的是一个时间节点，即从今天到未来的很长一段时间里，以今天作为界限。强调突出"今天"和"开始"，代表一个目标、政策或项目等将在"今天"开始变化或行动。

5．"怎样""哪一个"

"怎样"和"哪一个"都具有选择和征求意见的意思，当这两个词汇出现在直播间的标题当中时，也给了用户一个选择，让用户参与到直播当中来，从而达到主播与用户之间互动的效果。

"怎样"一词在标题撰写当中一般有两种意思：一种是指怎么解决，讲的是方式和方法，展示的内容是要帮助用户解决生活或工作当中的某一种较为普遍的问题，为用户出谋划策；另一种是指主播讲述一件事，征求用户的意见。

当它以方式、方法的意思出现时，人们关注的也就是解决问题的方法；当它以征求意见的意思出现时，表现了主播对用户的一种尊重，用户对直播的好感度会大大提高。当然，对于"怎样"一词的运用不能只局限于它的某一种意思和功能，要根据直播内容灵活运用。

当"哪一个"一词在直播间的标题当中出现时，就代表了一种选择，它比"怎样"一词所表示的选择性更为明确和直观。带着这一关键词的直播间标题其实在无形之中就与用户产生了互动，有了互动才能极大地调动用户的积极性，让用户更愿意参与到阅读和互动当中来。如"想让我介绍哪一款呢""喜欢哪款鞋跟主播说""这么穿，哪里显胖""办公本和游戏本哪款更合适"等。

6. "你是否""你能否"

"你是否"和"你能否"同属于疑问句式，在标题中出现代表了对用户的提问，如"你是否有便秘""你是否有秀发问题困扰""你是否被偷拍跟踪过""你的面膜是否适合你"等直播间标题，这类标题更加注重与用户的互动。

"你是否"这一关键词的意思就是"你是不是怎样？"是对用户现状的一种展示。这样的标题出现在用户面前时，用户会下意识地把标题当中的问题带入自己身上，进而开始反思。然后加上主播的提醒，让用户联系到自己身上，不论用户自身有没有标题里所提及的问题，用户都会下意识地去看看。

"你能否"这一关键词的意思就是"你能不能怎样？"通常是在

问用户能不能做到像直播间标题里说的那样，是对用户能力或是未来状况的一种表达或预测。这种标题通常能给用户一种指示或灵感，让用户能够去发现标题当中所涉及的能力或者趋势。

这样的标题之所以能吸引用户，是因为它在问用户的同时又能让用户反思自己，用户往往更加倾向于点击那种既能获得信息又能让自己有所收获的直播间。

7.2.2　借势型：强化传播影响力

借势主要是指借助热度，以及时下流行的趋势来进行传播，借势型的运用具有 8 个技巧，下面笔者对其进行一一讲解。

1．借助热点

其实关于"热点"一词的解释很多，该词所使用的地方也很多，但这里所讲的"热点"所涉及的范围不是十分宽泛。"热点"就是指在某一时期十分受人关注的事件，它还有一种更为大众和现代的说法，那就是人们非常关注的新闻、事件等，或是特别受人们欢迎的事情也叫作"热点"。

"热点"传播一般来源于各大网络平台，如微博、百度、抖音、快手等。"热点"大多来自国家政策或是社会上发生的具有影响力的事件或者新闻，这些事件或新闻在民众之中传播比较快，因为人们时常讨论或是研究。"热点"之所以能被大家关注，是因为它与国家或人们生活息息相关。

在撰写直播间标题的时候，借助"热点"事件或是新闻，能在很大程度上吸引关注这些"热点"的粉丝和观众，也能使直播间的曝光率和流量增加。

2．借助流行

"流行"其实是一种社会心理现象，指在某一时刻或时间段，人们所接受并付诸在行动、语言等上面的某一种观念、行为、事物的发生到结束的一个过程。

简单来说，流行就是指某一事物、想法、语言、行为等从出现到被众多人接受并广泛运用，直到最后彻底结束的一个过程。流行所包括的范围很广，如流行语言、流行音乐、流行颜色、流行造型、流行服饰等。

很多直播间的标题当中也经常会借助流行元素，来达到让直播间点击率增长的效果。某一事物能成为"流行"一定是因为有许多的人参与和模仿，如果只是某一小部分人参与，还不能称之为"流行"。

借用"流行"的势头来撰写直播间标题，可以充分利用"流行"这一词所具有的特点和喜欢"流行"的用户所具有的动机，以此来达到增加直播间流量的效果。

在直播间当中出现的流行元素可以是多种多样的，可以借助流行词汇、流行歌词或是当下正在流行的一部电视剧或电影。借助这些被广大用户所了解和津津乐道的元素，会让直播间的推广变得更为简单，用户在看到这种包含自己喜欢的事物的直播间标题时，便会在标题当中找到或多或少的归属感。

3. 借助名人

名人起先是指在某一领域内有较高威望的人，如军事家、文学家、政治家、艺术家等，有时候也特指在历史上有过重要贡献的人，如"名人名言"当中的名人就特指在历史上有过重要贡献或突出贡献的人所说的话。名人在不断的发展过程中，所指的对象也开始发生变化，如今人们口中所说的名人，也指明星、演员等。

名人相对于普通人来说有一定的权威性，人们往往对名人也十分信任。借助名人这一方法在直播间的标题创作上也一样十分实用。在直播间的标题当中借助名人的势头可以大大加强直播间的权威性，人们在看到这样的标题时，会觉得这种标题下面的内容一定是"有道理"的。

借助名人势头的标题一般分为两类：一类是标题之中直接用名人

名字，直接将某名人的姓名放在标题之中，能大大增强用户的观看欲望；另外一类是请名人作为直播嘉宾参与直播。

4．借助牛人

"牛人"一词是网络用语，多指做出了一些令人意想不到的十分了不起的事情的人，一般指对一个人的敬佩和赞叹，现在也把在某一领域做得特别出色的人叫作"牛人"。有一句流行的话"高手在民间"，所谓"高手"也就是指这些"牛人"了。

"牛人"大都身怀绝技，所以当一个直播间的标题当中出现了"牛人"一词时，用户便会想要看看。

从"草根"到"牛人"是很多人都向往的，当然"牛人"也有所不同，有些"牛人"通过自己的努力成为某些领域顶尖的人物。当人们遇到这样的"牛人"时，也会想着看看这样的"牛人"身上有哪些是值得"我"去学习和借鉴的。尤其是在某个领域已经做出傲人成绩的"牛人"。

还有一类就是普通人，但也因为在某一领域的出色表现而被人所熟知，这样的"牛人"可能是通过某节目或是有人将其"绝技"拍摄下来上传到网上而被人所熟知，当用户看到这种含有"牛人"标题的时候，通常会点击查看这个"牛人"到底哪里"牛"，是如何变"牛"的。

5．整合热点

主播在撰写直播间标题的时候，只关注"热点"是不够的，还要整合"热点"。什么是"整合热点"呢？就是将零散的"热点"收集归纳，并做一个合理的衔接，从而帮助人们更好地进行信息共享和协调工作。

直播间的标题撰写如果只是对一个"热点"的整合是不行的，还要提炼出相对于"热点"更多的东西。就如同有一个出题者给你一堆散落在各个角落的数字拼图一样，你要做的工作并不仅是将这些散落的小零件收集起来，也不是将它们随意拼在一起，而是要将它们有序地拼好才算完成任务。这个"有序拼好"的结果早已经和出题者叫你"收集散落的小零件"时的意图不一样了，虽然在意料之中，但刚开始有可能想不到这么多。

在直播间当中"整合热点相关资料"就是像"拼图"这样的一个过程，当你看到整合出来的东西时你会觉得是在意料之中的，但在别人没有整合出来的时候，你并不一定能想到那么多，这也是部分和整体的区别。

6. 制定方案

所谓"方案"，就是对完成某一工作或是解决某一问题所制作的计划。在直播间的标题撰写当中，用方案借势是十分有效的打造品牌或者推广品牌的方式。在大品牌营销当中运用方案借势的效果是尤其明显的，自己制作方案为自己的品牌或商品造势。

大品牌营销用方案造势的例子很多，如现在大众所熟知的"双 11 购物狂欢节"，就是阿里巴巴集团联合各大电商平台，包括天猫、苏宁易购进行的一次十分成功的营销方案。还有"520 告白节""京东618""3·8 女王节"等活动，都是平台造势的案例，如图 7-10 所示。

图 7-10

7. 情绪带动

人们常说的情绪包括喜、怒、哀、惊、惧等，除了常见的普遍情绪以外，还包括一些经常接触但总是容易忽略的情绪，如自豪、羞愧、歉疚、骄傲等。

大部分人很容易被某一种情绪所带动，尤其是对人们十分关注的事情或者话题，更容易调动用户的情绪，如"520告白节"期间，借助"告白"的势头所进行的与"告白"有关的直播间，就很容易调动用户或观众的情绪。

因此，在撰写标题的时候，要学会借助某一热门事件或者人们十分关注的事情，从情绪上调动用户观看的积极性。学会在标题中带有能调动用户情绪的热点话题，就能在很大程度上吸引观众的注意力和眼球。

在标题当中所体现出来的情绪，要让用户能够深刻感受到，所以要借助人们都十分关注的事情，或者某一热门事件的势头，来撰写情绪带动的标题，不论是自豪的、高兴的、悲伤的情绪，都能让用户在标题当中体会到。

8. 图片吸引

现在的直播间早已经离不开封面的配合了，用图片的方式展示内容有一个很直观的效果，那就是用户的阅读感受会比光看文字有所不同，在文案的标题中，加入如"一张图片告诉你"这样的话语。

再加上对直播间内容里面图片的专业性概括，不仅让用户知道内容是以图片的方式呈现出来的，还能知道图片的内容大致是什么，也会让用户乐于点击直播间查看。最常见的有美妆商品直播带货中，用妆前妆后照片进行对比。

7.2.3 数字型：标题更具说服力

数字的展示会给人更直观的感受，并且准确的数字会增加内容的说服力。在标题撰写中，数字的利用主要有 11 种方式，下面笔者会对其进行汇总讲解。

在直播间标题的撰写当中，采用数字型标题会更加吸引用户的眼球，因为数字是一种很简单的文字，它既没有复杂的声调，读起来也不拗口。

就数字本身而言，它的读音和书写都是十分简单的，而且普及面十分广泛，甚至达到全球通用。这也就表明，如果一个直播间的标题当中出现了一个数字，也会第一时间引起用户的关注。

如今的时代是一个"数字"型时代，任何事情都和数字挂钩，人们的日常生活也都离不开数字，所以将数字加入直播间标题中，是一个很好的吸引用户的方法。用户在观看直播间的时候，一般都希望能够不费太多心力，就能简单清楚地看懂直播间到底说的是什么，这个时候将数字放入标题当中，就能很好地满足用户的这一需求。

1. 利用人数

主播在撰写直播间标题的时候，加入表示"人"的数量词，就可以很好地吸引用户的目光，引起用户的重视和注意，可以让用户准确地知道和了解这一直播间里面到底说的是什么，有多少人，往往越是简单、清楚、拿数据说话的标题越能引起用户的注意。

2. 利用钱数

在生活中，有很多东西是随时随地都能引起人们关注的，不管大小或是多少都能被人们注意到，甚至津津乐道，就如"钱"这一字眼。

"钱"在人们的日常生活里扮演着十分重要的角色，是人们生活和工作都离不开的重要组成部分，俗话说"无钱寸步难行"。虽然这句话从一定层面来看有点偏激，但不得不承认"钱"在生活中所扮演的角色是多么的重要和不可缺少。有关于"钱"的信息一般很容易被人发觉到，这一敏感字眼不管出现在哪里都能吸引人们的视线，受到人们的关注。

像这样带有"钱"数量的数字型标题在直播间的标题撰写当中是十分常见的。一般来说，能让人通过标题对直播间产生好奇心的表示"钱"数量的标题有两种不同的情况，具体如下。

❖　"钱"的数额对于普通人来说尤其巨大。

❖　"钱"的数额对于普通人来说很小。

像这样的数额巨大和数额极小的两种极端的存在，在引起用户震惊的同时也就勾起了用户的好奇心。用户在看到这种标题的时候，会想要去查看关于标题中所出现的"钱"的具体情况。

其实，表示"钱"数量的直播间标题还有一种呈现情况，那就是大数额与小数额同时出现在标题里面作对比，这种直播间的标题相比那种只有一个金额的标题有了更强烈的对比，从而更能给用户带来一种视觉和心理上的冲击。

3．其他数量

直播间标题当中的数量元素，除了表示人或者钱以外，其他东西的表达也离不开数量的运用，如"几百吨水""几本书""两三瓶颜料""一碗饭"等。人们的日常生活离不开数量的应用，就算最原始的"结绳记事"也是对数量的运用，所以除了很多特定的需要量化的事物以外，很多的"物"也是需要用到的。

这也就要求直播间主播在撰写直播间标题时，要合理地使用"物"的数量表示方法来吸引用户的注意。因为日常生活中所能够涉及的"物"是很多的，所以这一类的直播间标题在材料上是无须太过担心的。

例如，利用日常生活当中常见的物品，或是用户想要了解却又不了解的东西，契合用户常关注的目标事物。

将这些用户感兴趣，或者主播有意让用户感兴趣的"物"，用醒目的数字在标题中表现出来，避免了用户自己去找寻或归纳的这一个复杂的过程，能让用户更愿意去点击直播间。

4．利用年数

"年"相对于其他表示时间的单位来说算得上是时间比较长的了，人们时刻都在跟时间打交道，自然也就离不开对时间的数量化了。

其实在直播间标题当中出现的"年"，从直观上有表示时间长短的意思，但有时候不仅能表示时间的长短，还能表示超出时间之外的含义，如表示一个品牌或者一个人的坚持或优质。

5. 利用月数

在直播间的标题中有表示"月"的计量的时候，通常所表示的就是在短时间里能看到比较大的效果，只有这样有对比性的标题才能更大程度地吸引用户的注意力，激起用户观看直播间内容的兴趣。图7-11所示为利用月数的直播间标题示例。

图 7-11

6. 利用天数

"天"在表示时间的时候，指的是一昼夜。随着人们思想观念发生的变化，"天"又主要表示白天，如"昨天""今天""明天""后天"等。

"天"是对"月"的细化，将一个月划分为 28 ～ 31 天不等。细化了"月"这一时间计量单位，也就代表时间单位被划分得更清楚、更简单了。

正因为"天"是"月"的细分，所以"天"相对于"月"来说所代表的时间就更短。在"时间就是金钱"的现代化社会，人们也更喜欢在更短的时间内完成某一件事情。"天"所代表的时间比"月"短，也是日常生活当中人们用得比较多的时间计量单位。如果一个直播间的标题里面出现了"××天"这样的字眼，除了"天"前面的数字能清晰地引起用户的关注以外，"天"这一时间单位对用户视觉所带来的感受也不容忽视。

7．利用小时

"小时"作为时间计量单位将"天"这一时间计量单位划分为 24 个小时，是人们对于时间的又一细分。

"小时"这一时间计量单位相对于"天"来说显得更快，当"小时"出现在某一标题当中的时候，一方面会让人觉得时间颇为长久，如"72 小时锁水！月里嫦娥"这一标题直播间当中所出现的"72 小时"所表示的时间就给人的感觉很长，这是因为在护肤品的保湿时间上，72 个小时其实是很长的。

另外一方面，就是"小时"所表示的时间很短，如"两小时鲜制当季采摘"这一直播间标题中所出现的"两小时"表示的时间其实就是很短的了。同样是"小时"，但所表达的意思是不一样的。

在直播间的标题撰写中，涉及表示"小时"计量的时候，常常用到的方式有两种，一种是单个表示时间的，就是标题里面就出现了标题所讲的某一件事情，而没有对比。另外一种是将两种事物通过一种对比换算的"时间"联系在一起，将两种本来关联性不是很大的事物联系在一起作对比。有了对比，也就能给用户带去一种更直观的感受。

8．利用分钟

"分钟"是一种相对来说比较小的时间计量单位，它是对"小时"的细分，将"1 小时"细分为"60 分钟"。从时间的长短上来说，同一单位的"分钟"相比同一单位的"小时"，在时间长度上要短很多。

在直播间的标题撰写中，也会经常涉及"分钟"这一时间计量单位。因为"分钟"所表示的时间往往比较短，但又不至于太过短暂。一般这种带有"分钟"的文案标题，会带给用户一种"无须耗费太多时间，但又能很清楚明白地了解直播间内容"的感觉。例如，标题为"几分钟看完各种美国大片"的电影讲解的直播间，这样快速、高效的直播内容，一般用户都愿意去查看。

9. 精确到秒

"秒"作为时间单位的时候，是国际通用的时间计量单位，"秒"是"分"的细分，"1分钟"等于"60秒"。在直播间的标题中，如果出现了表示"秒"的计量，则表示标题中所出现的事物的完成速度会很快，因为"秒"本身所代表的单位时间长度就很短，所以在讲究快节奏、高效率的现代社会，这样的标题对于用户，尤其是对赶时间的用户，是一个很好的点击选择。

10. 用百分比

"%"也就是百分号，指的将某一整体划分为100份，再看这些被划分了的小部分在整体的100份之中所占的比例的大小。现实生活中常用的占比情况，在大部分情况下都是用"%"来表示的。

"%"所表示的是一个比率，能很直观地表现出所涉及的事物大致有多少。因此，在直播间的标题撰写当中，如果出现了"%"这一表示占比的符号，会让用户很容易注意到这一标题。

对于直播间的主播来说，将这一符号放入标题之中是有益的，因为许多有关数据的事情是很难得到一个十分准确的数据的，所以在不知道确切数据的情况下，用百分比来表达会更稳妥，也不容易出错。如"无水配方89%芦荟汁"的直播间标题，就是利用百分比命名的。

人本身就对数字较为敏感，再加上百分号所表示的是一个比例或概率的计算，能让用户在看到大致情况的同时，也能了解一个事物的比例或成分多少；另外，也让用户想要看看这百分率里面所涉及的东西，自己是否与之相关。

很多这种用"%"表示程度的直播间标题，凡涉及一定比例的"人"的话，大部分用户都会自动把自己代入标题所说的事情里去，然后根据直播间内容与自身进行对比，看看自己是否存在标题里说的那种情况，进而找到解决办法。

11．成倍表达

"倍"在表示程度的时候代表的是"倍数"的意思。在直播间标题的撰写当中出现的"倍"，往往都有一个对比的对象，相比某一事物，有所增长或是下降。

"倍"的出现相对于几组单纯的数据来说，能说明的问题更加直接，如"某学校今年招生人数是去年的 3 倍"，在这一句话中，就可以很直观地看出增长的程度。

用户往往更喜欢看直接的东西，有数据就将数据展现出来，增长多少就用倍数表示，尽量减少用户去搜集资料或计算的过程，这也能够在一定程度上提高用户的直播观看体验。

"倍"所呈现出来的信息更加直观，直接告诉用户增长的幅度大小，这样的标题也能让对比效果更加显著，更利于用户观看。其实像这样用"倍"表示程度的直播间标题在生活中并不少见。

凡是涉及有对比的数据升降，大都会采用"倍"来表示其增长幅度，不管开始的基数是多少，每一倍的增加都是"滚雪球"一般，所以具体数据甚至不需要去看，就能知道一定是可观的。

7.2.4　提问型：巧妙调动好奇心

提问也是直播间标题的形式之一，对于提问型直播间标题我们需要把握 9 大要点，笔者下面将对此进行简要汇总。

1．疑问句式

疑问句是询问某一问题的句式，常见的最简单的答案是"是"或者"不是"，但也有很多其他答案。疑问句所包含的种类有很多，在日常生活中用得也十分普遍。

在直播间的标题撰写上，采用疑问句式的标题效果也是很好的，主要表现在两个方面：一方面，疑问句中所涉及的话题大都和用户联系得比较密切；另一方面，疑问句本身就能够引起用户的注意。用疑问句式的标题激起用户的好奇心，从而引导用户点击进入直播间。

其实疑问句式的标题有一些比较固定的句式，如"你知道吗？""你是否……呢？""你有……的经历吗？"等常见的句式搭配，如图 7-12 所示。

图 7-12

2．方式提问

"如何"的意思就是采用怎样的方式和方法。将"如何"一词放在直播间的标题中时，有帮助用户解答某一疑惑或者解决某一问题的效果。这一类"如何"式提问的直播间标题所涉及的内容，大都是人们生活中遇到的困难，或者是能够方便人们生活的小技巧，也可能是解决问题或者困扰的方式和方法，而且针对的用户范围很广，不会像很多其他直播间一样，有十分精确的用户群，这样的直播间标题所提及的问题都是很多人可能会遇到的问题，相对来说用户的范围也就比较宽广了。

直播间标题采用"如何"这种方式来命名是有一定优势的，一般的人在看到解决某一事情的方法和技巧的时候，不管自己存不存在这样的问题，或是会不会遇到这样的问题，都会在看到这样的标题时，想要去学习解决这一问题的办法。也有部分用户单纯是因为对直播间标题所提及的问题感兴趣，才点击进入直播间。

3．反问标题

反问句是集问题和答案于一身的特殊句式，一个反问句的提出并不是为了得到某一个答案，而是在于加强语气。反问句相对于其他句式的句子来说，语气更为强烈。将这样的句式运用到直播间的标题当中去，也能起到加强标题语气的效果。如"你难道不应该去试一下这个商品吗？"言外之意就是你应该去尝试和购买该商品。又如，"你怎么能这样做呢？"这一反问句的意思其实就是"你不能这样做。"反问句在日常生活中经常被用到，常用的句式也比较多，如"怎能……？""为什么不……？"等。

反问句常用的句式大都是否定疑问句，也就是疑问词加否定词，既然是否定疑问，那就是肯定了。所以这样的句式放在直播间标题当中的时候，也能代表主播的一种观点和态度。

从语气上来说，反问句式的直播间标题有强调的作用和效果。正因为有了强调的作用，所以这样的直播间标题也能在第一时间给用户带去一种提醒或者警示的作用。当用户关注到这一问题的时候，就会点击直播间观看详细内容。

在直播间的标题当中采用反问句式，能加强标题的语气和气势，从用户的角度来说，这样的强调语气更能引起用户的注意和兴趣，因此在直播间标题中采用反问句式，也能增加直播间的关注度。

4．文题相符

所谓文题相符，就是指直播间标题中所提的问题和直播间内容相符合。主播在撰写直播间标题的时候，要保持标题和直播内容是有关联的，而不能一味地做"标题党"。

"标题党"就是为了夸大标题的影响力，而一味地在标题上面下功夫，有一部分 "标题党" 为了吸引用户，纯粹是为了提高标题吸引力而提问，当用户点进直播间之后，才发现自己被标题给 "骗" 了。

直播间的标题十分讲究技巧，如果提问式标题和直播内容完全没有联系的话，即使用户被标题吸引点进直播间了，用户也会在后续观看直播内容的时候发现 "问题"。这样一来，不仅会降低用户的观看体验，更严重的还会使现有的用户不再关注这一品牌或者商品。

如果纯粹为了吸引用户注意，而打造出与直播内容不相符的可以调动用户好奇心的问题标题，这一做法对于主播和品牌来说，是得不偿失的，在失去了用户的信任的同时，也失去了用户。直播间如果没有用户观看，也就失去了其存在的意义。

5．思考角度

主播在撰写直播间标题的时候，其实是在描述一个事件或者一种观点。一个事件或者一种观点可以是多方面的，从不同的角度看问题就会有不一样的效果，"横看成岭侧成峰，远近高低各不同"说的也就是这样一个道理。

当不同的主播面对同一事件时，除了要做到正确的价值观引导和正确说明该事件或观点以外，最好能选择一个新奇的角度，用与常人不一样的想法来论述这一事件或者观点，也会让自己的直播间惊艳用户。这就要求主播在撰写提问式的直播间标题时，要选好角度，出其不意。

当然，这里所说的角度并不是指站在主播或是用户的角度上来说的，而是针对这一事件或者观点的某一角度出发。如对于 "某人在游乐场夹娃娃每一次都夹到"这一事件来说，主播可以从 "夹娃娃机的机器设计"这一角度来描述这一事件，也可以讲一个关于夹娃娃的攻略等。同一件事情不同的人看到的角度是不一样的，而作为直播间的主播看到的角度更要比普通人多才行。

对于提问式直播间标题来说，更应该找好问题的角度，从不同的角度去看待问题和提出问题，会给用户一种新奇感。提问式标题更多的是向用户提问，有了提问这一个形式，就会让用户也参与到这一直播间标题当中来了。

直播间标题的提问可以分为两种：一种是主播自己想自己提问，其实多是阐明主播自己的观点；还有一种就是向用户提问。

其实不管是向谁提问，每种方式都可以找到不同的角度，从不同的角度进行提问，才能成功地吸引用户的关注。

对于提问式标题，选好问题的角度是十分重要的。从一个好的角度或者一个新奇的角度所提出来的问题，不仅能给用户一个好的印象，还能让用户积极参与，一旦主播和用户之间有了互动，那么这个直播间的标题就是成功的。

6. 注意提炼

"提炼"从文学角度来说是一个"取其精华"的过程，即将重要的、突出的、精华的部分单独拿出来。对于直播间标题来说，"提炼"就是将直播间内容的重点提取出来，过程就相当于归纳直播内容的中心思想。

在直播间的提问式标题撰写上，注意"提炼"是十分必要的。提问式标题就相当于主播在向用户提出问题，这个问题不管是想让用户来回答，或者只是想让用户在直播内容里面寻找答案，主播所提的问题都是需要提炼重点的。

7. 适当创新

直播行业的发展之快，超出了人们的想象，这也给直播间主播提出了更新、更高的要求。在直播间的标题上，要注意创新和突破。

提问式的直播间标题的句型看上去好像已经被固定了，其实除了一些比较常用的固定搭配，如"为什么……""难道……""怎样……""如何……"等以外，还有一些其他的固定句型。提问句式的句型很多，但很多时候往往无法在句型上面做出更多的创新。所以，既然在句型上面无法做出太大的突破，那就可以在提问的技巧和方式上面进行创新和突破了。

创新型的提问式直播间标题会让用户有耳目一新的感觉，不同于一般的提问句式，注重提问技巧的直播间标题会让用户更愿意点击直播间查看直播内容。直播间标题创新的方式也有很多，不只局限于几种。

图7-13所示为创新型提问式直播间标题。在这个标题中，不仅表明了直播间内销售的商品是什么，还给人一种想要知道这到底是一个什么样的杯子的好奇感，让用户忍不住想要进直播间去了解一下。

图 7-13

8. 巧用设问

用户作为直播间的观众，对直播间的发展有着十分重要的影响，正所谓"顾客就是上帝"。直播间如果没有用户点击和关注，也就失去了它存在的价值。

直播间只有被用户点击，有用户的参与互动，才是成功的。这也就要求直播间主播在撰写直播间标题的时候，要注意拉近与用户之间的距离，让用户愿意参与到直播当中去，这样也就体现出它的存在价值了。

那么，直播间主播在标题设置上应该如何拉近与用户之间的距离？具体来说，主要办法如下。

❖ 　标题内容多涉及用户身边所发生的事情。

❖ 　标题内容多是人们所关注和感兴趣的事情。

❖ 　标题内容提及的问题多是站在用户的角度去考虑的。

可见，在提问式的直播间标题中要想拉近与用户的距离，除了引入用户关注的事情或者用户身边发生的事情以外，还要站在用户的角度去提问。

站在用户的角度进行提问，所提的问题就要符合一个用户的立场，不能让用户觉得这件事情与用户本身的生活和工作没有多大关系。如果这样的话，就会让用户失去进入直播间的兴趣，所以"从用户角度"设问就要涉及用户关注的事情。

9．明知故问

反问式直播间标题，其实也就是明知故问的一种提问式标题。"反问"之所以会比陈述句更具有强调性，是因为反问在句式上是通过问句的形式，达到让用户反省，或者发现直播间标题所涉及的一些问题的。

反问式标题既然是想让用户反省，或者是发觉某些问题，那么主播的提问方式就要尽量简洁明了，反问语气要干脆，不拖泥带水，能一下就点到重点，才能让用户信服。

原本在直播间标题的撰写当中，对标题的字数就所有限制，所以在撰写反问式直播间标题的时候，自然也要注意标题字数的限制。

明知故问的反问式直播间标题的好处就是让用户在看到标题时，能明确地知道主播想要问的重点，也能让用户在看到这一直播间标题时，被主播那种"掷地有声"的气势所折服，从而引起用户的关注。

7.2.5　语言型：提升标题创意性

所谓语言型，就是利用修辞提升标题的语言表达，在直播间的标题撰写中也可以运用这一方法。语言型标题主要有 7 种，具体内容请看以下分析。

1. 进行比喻

比喻是一种修辞手法。何为比喻？其实就是用与 A 有相似之处或者共同点的 B 来形容 A，从而达到让人们认识或感受 A 的目的。

比喻的种类看似很多，但在日常生活中经常用到的却不是很多，最常用的 3 种比喻类型：明喻、暗喻、借喻。

（1）明喻又叫直喻，指很直接就能看出是比喻句，如"像……""如……""仿佛……"等，这一类比喻十分简单，也是最常见的。

（2）暗喻又叫隐喻，指在一个比喻句中出现的比喻词不是平时常见的，而是"是……""成了……"等，如"这一刻，我在草原上奔跑，于是，我也成了那头敏捷的小鹿"，这句话里面的"成了"就是喻词，把"我"比作"小鹿"。

（3）借喻，相对其他种类的比喻来说，借喻是比较高级的比喻形式，它的句子成分看不出明显的本体、喻体和喻词，而是通过本体和喻体及其亲密的联系来达到比喻的效果，如"那星光，也碎做泡沫，在海中散开"。

在直播间内出现"比喻式"标题所用到的比喻技巧，也无须像文学里面的那样精致巧妙，重在让用户看懂、感兴趣。

直播间"比喻式"标题可以让用户在看到标题之后，对标题里面所涉及的东西有豁然开朗的感觉。

在标题的撰写上运用这一修辞技巧，也是要给用户制造一点不一样的观看感受，给用户的观看增加一点乐趣。在"比喻式"直播间标题当中，不仅要注意比喻是否适用于直播间的内容，还要注意比喻元素的齐全性。

2. 事物拟人

拟人是将"非人"的事物人格化，使它们具有人的特点，如具有人的感情、动作、思想等。拟人从文学上来说是一种修辞手法，将本不是人的事物变成像人一样。

就文学层面来说，运用拟人的写作手法，可以让描写的事物更加生动直观和具体，也更能让用户觉得亲切。基于此，把拟人这一修辞手法运用在直播间的标题和直播间主播口播上也不失为一种好的创作方法。

"拟人"这一修辞手法在写作过程中还分为不同的种类，所以要注意根据不同的情况来对所写的标题进行"拟人化"。

3．标题对偶

"对偶"也被称为对仗，指的是句子字数相等，意义相似，对仗工整的一句话或者是几句话，最常见的对偶是两句话。这样的句子通常前后联系十分紧密，不可分割。对偶在文学创作上经常被用到，对偶的恰当运用能够让句子结构更加富有层次，更有韵味，也更能吸引人的注意。对偶之所以在很多地方被运用，是因为采用对偶的形式还会让句子变得更加凝练精巧，让人读起来朗朗上口。

对偶式标题前后句相互映衬，相互作用，不可分割。直播间的标题采用对偶的方式，也会让标题具有节奏感强、易于记忆等特点，同时也能让标题更容易被传播和推广，从而达到扩大标题影响力的目的。

运用在直播间标题当中的对偶，一般只有两句话。如果句子太多或太长，一方面会受到标题字数的限制，另一方面也会给用户带来不好的阅读体验，容易产生视觉疲劳。所以主播在撰写"对偶式"直播间标题的时候，最好就只有两句，字数也要尽量精简，这样才能让用户拥有一个比较好的视觉感受和观看体验。

4．利用幽默

幽默，简单来说就是让人开怀大笑的意思。但"幽默"一词与单纯的搞笑又有很大的不同。幽默当中的搞笑，是让用户在发笑的同时，又能让用户感受到主播想要表达的字面以外的意思。

幽默式的标题通常以出其不意的想象和智慧让用户忍俊不禁，在使直播间标题吸引人的同时，还能让人印象深刻，激发用户观看直播间的兴趣。幽默式标题不仅能够让用户会心一笑，还能让用户在笑过之后理解主播话里更深层的意思，达到主播预期的目的。

5. 合理用典

在直播中引用历史故事，尤其是历史典故，能够让直播内容变得更加出彩。所采用的历史人物或者故事也大都是家喻户晓或者知名度比较高的，因而推广起来就不会有难度。尤其是在视频广告中，历史人物或者故事的引用更是不胜枚举。引用历史来推广或宣传某品牌能起到"水中着盐，饮水乃知盐味"的效果。

在直播间的标题设计当中，恰当地运用历史典故，能使主播所讲的言论都有历史根据，这样一来，更增强了主播的可信度。

在直播间的标题当中，恰当地引用典故，能让标题达到十分具有说服力和引人注目的效果，因为人们都爱听故事。虽然直播间标题里面的典故，都是人们已经很熟悉的了，但又有所创新，因此可以再次吸引用户的目光。另外，要想把典故与直播间商品更好地结合起来，首先还是应该学会怎样选择典故。

主播在撰写标题的时候，恰当引用合适的典故，能够使标题更富有历史趣味性，用户在咀嚼历史的时候，又能从中得出更多的内涵。值得注意的是，在直播间标题当中出现的历史典故应当是大部分人都耳熟能详的，这样才能起到大面积推广和传播的作用和效果。

6. 灵活运用

"灵活运用"并不是指直接引用别人的话语、对别人的东西照抄照搬，或者是强行引用名家诗句或典故。将根本没有关联的两个事物硬要凑到一起，反而会惹来不少笑话。在成语中表现这种生搬硬套的事情数不胜数，如"东施效颦""照猫画虎""削足适履"等，所说的都是对别人的东西照抄照搬，不切合自身实际。

在直播间的标题撰写当中，主播不能将与文案内容毫无联系的名家诗词或者典故，直接套用到文案标题当中去，如果直接套用毫无联系的诗词典故，只会让用户觉得主播的水平以及知识涵养都很低，给人"牛头不对马嘴"的感觉。

　　主播在引用诗词或典故的时候，应当注意正确引用，切记要与直播所讲的内容有联系。

7. 多种引用

　　主播在撰写引用诗词或典故的直播间标题时，要学会用多种方式来引用，从而使自己的标题形式更加多样化，也能让直播达到更好的效果。

　　可以直接引用诗词或典故，也可以加工后再引用，或者不改变直播间标题里所引用的诗词或典故的意思，而让它对直播内容起到一个诠释的作用。

第8章
内容规划：
沉浸多元的商品
转化场景

直播首先是一种内容呈现形式，因而在内容方面的呈现就显得尤为重要。那么，什么样的内容才是好的内容呢？从营销方和用户的角度来说，营销方的营销需求和满足用户的关注需求才是本质需求。

8.1　两大要求：直播内容准备策划

随着视频直播行业的发展，内容的模式基于商家和用户的需求而发生了巨大的变化，从而使得在直播内容的准备和策划方面的关注点也有了极大的转移。

目前来说，关注点主要在于要求明确内容的传播点和注意内容的真实性两个方面。只有这样，才能策划和创作出更好、更受用户关注的直播内容。下面将对这两方面的要求进行具体介绍。

8.1.1　明确内容：找到直播传播点

最初的直播倾向于个人秀和娱乐聊天的内容模式，而随着直播的迅速发展和竞争加剧，此时就有必要对直播内容有一个明确的定位，并选择一个可供用户理解和掌握的直播内容传播点。也就是说，在直播过程中，要有一个类似文章中心思想的主旨存在，而不能只是乱侃一气。

直播内容的传播点不仅能凝聚一个中心，把所要直播的观点和内容精炼地表达出来，还能让用户对直播内容有一个清晰的认识，这有利于直播间知名度和形象的提升。

一般来说，所有的直播都有一个明确的信息传播点，只是这个传播点在界定上和选择的方向上有优劣之分。如果在直播策划和运行中能够明确地呈现一个好的信息传播点，那么直播也就成功了一半。

8.1.2　直播内容：要保证真实可信

直播是向用户展示各种内容的呈现形式，尽管其是通过虚拟的网络连接了主播和用户，然而从内容上来说，真实性仍然是其本质要求。

当然，这里的真实性是一种建立在发挥了一定创意的基础上的真实。为呈现能和用户产生联系的直播内容，表现在真实的信息和真实的情感两方面，这样才能达到吸引和打动用户的目标。

8.2　确定方向：从内到外全面联系

在视频直播迅速发展的环境下，为什么有些直播节目关注的用户数量非常多，有些直播节目关注的用户却非常少，甚至只有几十人？其实，最主要的影响因素有两个，一是对内的专业性，一是对外的用户兴趣。

这两个因素之间是有着紧密联系的，在直播中相互影响，互相促进，最终实现推动直播行业发展的目标。下面笔者将对这两个因素分别加以详细介绍，帮助大家更好地确定直播的方向。

8.2.1　从内来看：提高专业素养

就目前视频直播的发展而言，个人秀场是一些新人主播和直播平台最初的选择，也是最快和最容易实现的直播选择。

在如今的直播时代，平台和主播应该怎样发展才能达到其直播内容的专业性要求呢？关于这一问题，可以从两个角度考虑。

（1）基于直播平台专业的内容安排和主播本身的专业素养，即直播主播自己擅长的专业性内容。

（2）基于用户的兴趣，从专业性角度来对直播内容进行转换，即直播用户喜欢的专业性内容。

主播在选择直播内容的方向时，可以基于现有的平台内容和用户而延伸发展，创作用户喜欢的直播内容。

在直播中，用户总会表现出倾向某一方面喜好的特点，而直播就可以从这一点出发，找出具有相关性或相似性的主题内容，这样就能在吸引平台用户注意的同时，增加用户黏性。

例如，一些用户喜欢欣赏手工艺品，那么这些用户就极有可能对怎样做那些好看的手工艺品感兴趣，因而可以考虑推出这方面的、有着专业技能的直播内容，实现直播平台上的用户在不同节目间的转移。

而与手工相关的直播内容又比较多，既可以介绍手工的基础知识和历史，又可以让用户边欣赏边学做，还可以从手工制作领域的某一个点出发来创作直播内容。

8.2.2 从外来看：迎合用户喜好

直播是用来展示给用户观看的，是一种对外的内容表现方式。因此，在策划和考虑直播内容时，最重要的不仅是其专业性，还有其与用户喜好的相关性。一般来说，用户喜欢看的，或者说感兴趣的信息主要包括 3 类，具体如图 8-1 所示。

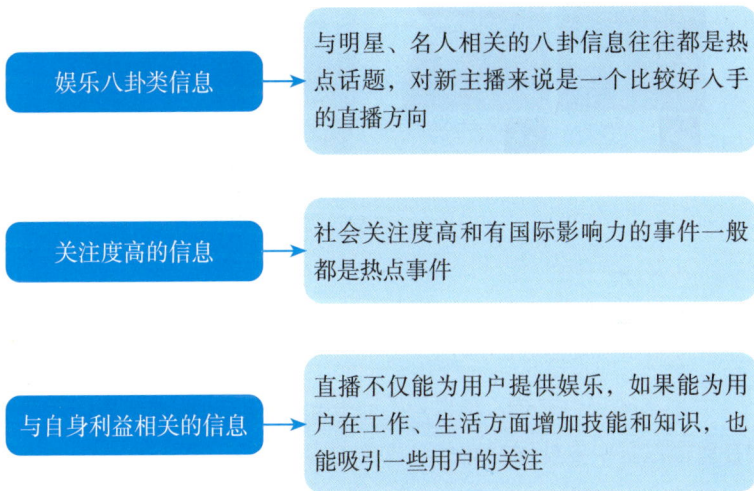

娱乐八卦类信息	→	与明星、名人相关的八卦信息往往都是热点话题，对新主播来说是一个比较好入手的直播方向
关注度高的信息	→	社会关注度高和有国际影响力的事件一般都是热点事件
与自身利益相关的信息	→	直播不仅能为用户提供娱乐，如果能为用户在工作、生活方面增加技能和知识，也能吸引一些用户的关注

图 8-1

从这 3 类用户感兴趣的信息出发来策划直播内容，既为吸引用户注意力提供了基础，也为节目的直播增加了成功的筹码。

除此之外，还可以把用户的兴趣爱好考虑进去。如女性用户一般会对美妆、美食类内容感兴趣，而男性用户往往会对电子产品感兴趣。基于这一考虑，直播平台上关于这些方面的直播内容也会比较多，如图 8-2 所示。

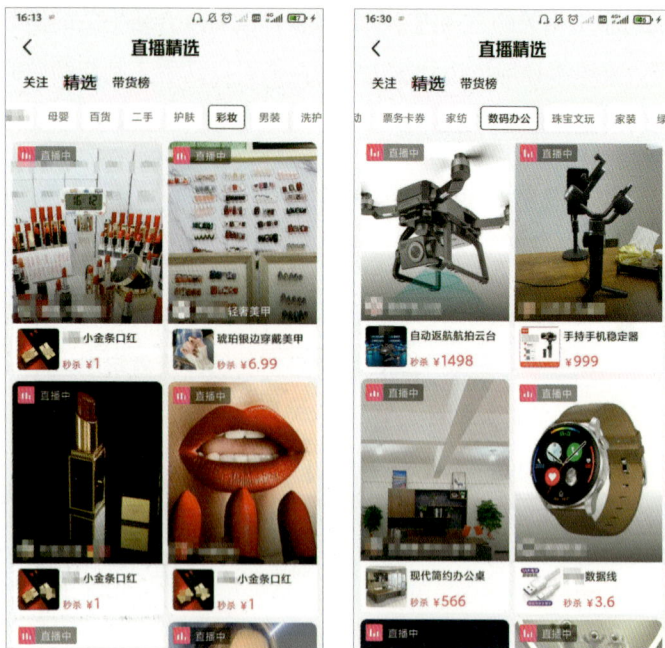

图 8-2

8.3　商品呈现：全面具体展示商品

　　利用直播进行营销，最重要的是要把商品尽可能地销售出去，因此在直播过程中要处理好商品与直播内容的关系，即在直播中既不能只讲商品，也不能一味地不讲商品。

　　因为，如果全程只介绍商品会减弱直播的吸引力，而完全不介绍商品又会忽略营销本质，所以主播须巧妙地在直播全过程中结合商品主题。

　　巧妙地在直播全过程中结合商品主题，其意在全面地呈现商品实体以及鲜明地呈现商品组成，最终为实现营销做准备。那么，具体应该怎样做呢？下面从两个方面分别进行介绍。

8.3.1　全面呈现：从里到外展示

要想让用户接受某一商品并购买，首先应该让他们全面了解商品，从直观感受到内部详解。因此，在直播过程中，主播一方面需要把商品放在旁边，在讲话或进行某一动作时再把商品展现出来，让用户能看到商品实物。另一方面，将商品的内部也向用户展示出来，让用户可以全面了解到商品的情况。

图 8-3 所示为一场关于女士包的直播。在直播过程中，主播将包进行了实物的展示，无论是包的外观，还是内部的结构，都进行了详细说明。

图 8-3

另外，主播需要在直播中植入商品主题的内容，或是在直播中把商品的特点展示出来。

此外，为了更快、更好地进行营销，一般还要在直播的屏幕上，对其商品列表、价格和链接进行标注，或是直接展现购物车图标，以方便用户购买。

　　图 8-4 所示为抖音直播间，直播运营者将商品上架后，用户只需点击右下角的商品链接就可以跳转至购买页面。

图 8-4

8.3.2　重点突出：鲜明呈现组成

　　视频直播不同于实体店，用户要产生购买的欲望，应该有一个对商品逐渐增加信任的过程。而鲜明地呈现商品组成，既可以让用户更加全面地了解商品，又能让用户在了解商品的基础上信任商品，从而放心购买。

　　关于呈现商品组成，可能是书籍的精华内容，也可能是其他商品的材料构成展示，如食物的食材、衣物的原料展示等。如图 8-5 所示为图书销售的直播间。在该直播间中，主播通过向观众展示图书内部的精华部分，让观众能够清楚地了解到这本图书的主要内容以及价值。

图 8-5

8.4　刺激购买：突出商品热点和特点

一般来说，用户要购买某一商品，首先考虑的应该是商品能给他们带来什么样的助益，即商品能影响到用户的哪些切身利益。

如果某一商品在直播过程中所突出体现的商品热点和特点能让用户感到是对自己有益的，就能打动用户和激发他们购买，实现营销目标。因此，在直播的过程中，主播要懂得大胆地展示商品的热点和特点。

8.4.1　直观感受：呈现操作过程

在展现商品给用户带来的变化时，视频直播与其他营销形式最大的不同就在于它可以更清楚、更直观地告诉用户肉眼所能看见的变化，而不再只是由单调的文字组成的对改变做出描述的一段话。

虽然在写作时形容物、景可以写得很好，好像可以把物体和景物真实地呈现在用户的面前，但是在用户脑海中通过文字描述构成的画面和呈现在眼前实际的画面还是存在一定差距的，这就是文字与视频的区别。

因此，在视频直播中，利用实际操作把商品所带来的改变呈现出来，可以让用户更好地看到商品的特点、感受商品的真实使用效果。

这种直播内容的展现方式在服装和美妆商品中比较常见。图 8-6 所示为涂抹指甲油胶的实际操作前后效果对比。通过对比，用户可以很直观地感受商品的使用效果，而主播则可以结合使用体验，将商品的特点告知用户。

图 8-6

8.4.2　占据先机：准确把握热点

在网络迅速发展和信息量巨大的环境中，对营销运营人员来说，热点总是与大量的关注和流量联系在一起的。因此，在策划直播内容时应该通过准确把握时代热点来展开直播或进行直播营销。这其中包括两个方面的内容，一是找准热点，二是根据热点策划直播，下面将分别加以介绍。

1．找准热点

热点就是在各个平台、各个领域吸引了绝大多数人关注的流行信息。如每年的高考就可算得上是一个热点。还有每年的国庆节也是一个十足的热点。

再如，2022 年在北京举行的冬奥会，其中的吉祥物冰墩墩一度成为中心话题，让不少网友非常关注，其周边也被观众买到断货。许多直播借助了该热点，并结合自己的商品举办一些活动，这便属于找准了热点的直播。

2．根据热点策划

在直播内容策划中，抓住热点做直播应该分 3 个阶段来进行，具体内容如下。

1）策划开始阶段

在这一阶段，直播营销和运营者首先要做的是"入"和"出"操作。

所谓"入"，就是怎样把热点切入直播内容中，这是需要找准一个角度，应该根据商品、用户等的不同来选择合适的切入角度。

所谓"出"，就是先了解直播平台的属性，然后根据自身的直播内容分类、在直播平台的粉丝数量以及直播平台的特点来选择直播内容和方式。

2）策划实施阶段

在直播内容有了策划的商品切入角度和合适的平台选择等基础上，接下来就是进行具体的内容准备。

首先，策划者应该撰写一篇营销宣传的文案，以便更快、更好地让用户了解到商品。而且应该抓住热点和用户兴趣的融合点进行文案的撰写。

其次，应该在整体上对直播内容进行规划布局，这是根据热点策划直播内容整个过程中的主要内容，具体应该注意以下几个方面。

❖ 在直播中加入引导，巧妙地体现营销商品。

❖ 主播在直播过程中，应该注意讲述的方式。

❖ 在直播内容安排上，应该注意讲述的顺序。

3）策划输出阶段

热点其实是有时效性的，而直播内容的输出应该在合适的时间点呈现出来。不能在热点完全过时的时候呈现，因为那时已出现了新的热点，原有的热点已经不再是热点了。也不能在热点刚刚萌芽的时候呈现，除非商家自身有着极大的品牌影响力，否则可能因为选择不当而错失方向，也可能为其他品牌宣传做了嫁衣。因此，直播内容在策划输出时，应该找准时间点，既快又准地击中用户的心，吸引他们的关注。

其实，通过把握热点话题来策划直播内容是一种非常有效的营销方式，其巨大的营销作用如下。

❖ 以热点吸引大量的用户关注，增加直播内容。

❖ 以热点的传播和用户的参与来增加商品销量。

8.4.3 完美融合：结合特点和热点

上面两小节内容分别提及了商品的热点和特点，下面将从两者结合的角度来说明商品的直播营销。

在直播营销中，特点和热点都是商品营销的主要元素，要想在市场中实现更好、更快地营销，打造出传播广泛的直播，就应该"两手抓"，并实现完美融合。

例如，在三伏天期间，"高温""酷暑"已经成为热点。从这一角度出发，人们关心的重点是"凉""清凉"等，于是某一茶叶品牌推出了有着自身特点的冷泡茶单，帮助人们度过炎炎夏日，如图8-7所示。

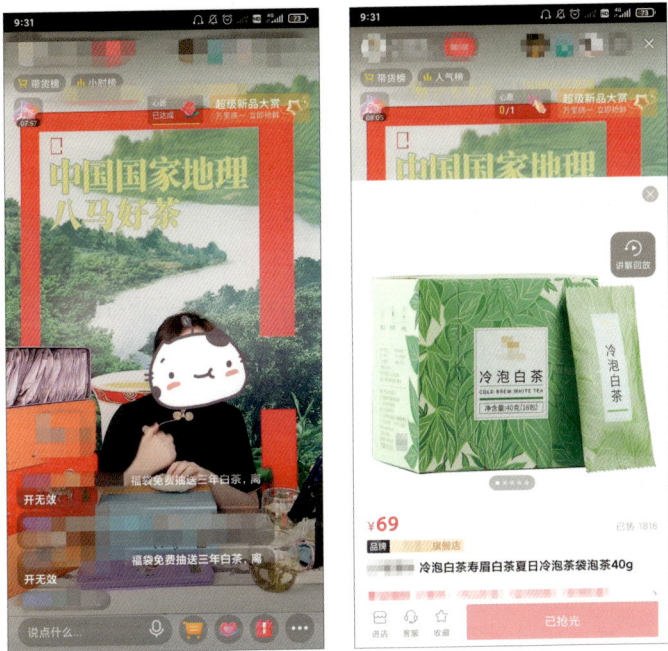

图 8-7

可见，在视频直播中，如果将商品特色与时下热点相结合，就能够让用户产生兴趣，进而关注直播和直播中的商品，从而产生购买的欲望。

8.5　提供软需：实现商品附加增值

优秀的商家在直播时并不会只谈商品，要让用户心甘情愿地购买商品，最好的方法是提供给他们以软需为目的购买商品的增值内容。这样一来，用户不仅获得了商品，还收获了与商品相关的知识或者技能，自然是一举两得，他们在购买商品时也会毫不犹豫。

那么，在增值内容方面应该从哪几点入手呢？笔者将其大致分为3 点，分别是共享形式、陪伴共鸣、边播边做。下面将分别对这 3 个方面的增值内容进行介绍。

8.5.1　共享形式：获取用户好感

在如今这个信息技术高度发达的时代，共享已经成为信息和内容的主要存在形式，并且是社会中人们交流的本质需求。

信息共享表现在很多方面，如信息、空间和回忆等，并且当它们综合表现在某一领域时可能是糅合在一起的，如空间与信息、空间与回忆等。因此，对于直播而言也是如此，它更多的时候是一种在共享的虚拟空间范围扩大化下的信息。

一般来说，当人们取得了某一成就，或是拥有了某一特别技能的时候，总是希望有人能分享他（她）的成功或喜悦，因而共享也成为人心理需求的一部分。而直播就是把这一需求以更广泛、更直接的方式展现出来，如主播可以与用户共同分享自己别样的记忆，或是一些难忘的往事等。

当共享与营销结合在一起时，只要能很好地把商品或品牌融合进来，那么用户自然而然地会被吸引而沉浸其中，营销也就成功了。

可见，在直播中为用户提供共享这一软需的商品增值内容，可以很好地提升用户对商品或品牌的好感，从而更好地实现营销目标。

8.5.2　陪伴共鸣：增强用户黏性

直播不仅是一种信息传播媒介和新的营销方式，还是一种实时互动的社交方式，这可以从其对用户的影响全面地表现出来。人们在观看直播的时候，就好像在和人进行面对面的交流，当主播与用户进行亲切交谈时，就会使得用户感受到陪伴的温暖，产生情感共鸣，具体影响如下。

❖　让用户忘掉独处的孤独感。

❖　让用户有存在感和价值感。

而直播作为一种新的营销方式，如果在其固有陪伴共鸣的基础上加以发挥，与商品结合起来，那么用户也将更清晰地感受到这一事实，这样就能更有效地引起关注和增加用户黏性。

8.5.3 边播边做：传授用户知识

最典型的增值内容就是边播边做，通过知识和技能的传授，让用户获得增值。天猫直播、淘宝直播、抖音直播在这方面就做得很好，一些利用直播进行销售的商家纷纷推出商品的相关教程，给用户带来更多软需的商品增值内容。

例如，一些美甲直播间，一改过去长篇大论介绍美甲的老旧方式，而是直接在镜头面前展示做美甲的过程，边做美甲边介绍美甲商品，如图 8-8 所示。

图 8-8

在主播做美甲的同时，用户还可以通过弹幕向其咨询做美甲的相关疑问，如"水晶粉和水晶液的区别？""白色水晶粉能直接做法式的吗？""偏平的扇形甲怎么做延长？"等，主播也会为用户耐心解答。

其实，不仅是美甲如此，其他种类的电商商品直播营销也可照此类进行，就直播主题内容中的一些细节问题和商品相关问题进行问答式介绍。这样的做法，相较于直白的陈述而言，明显是有利于用户更好地、有针对性地记住商品。

通过这样边播边做的直播形式，用户不仅得到了商品的相关信息，还学到了美甲制作的窍门，对自己的指甲也有了比较系统的了解。用户得到了优质的增值内容自然就会忍不住想要购买商品，直播营销的目的也就达到了。

8.6 吸引注意：融合其他新鲜内容

除了前面 5 节讲到的内容之外，直播策划和运营者还可以通过其他类型的内容，来吸引用户的眼球。这一节笔者就来重点为大家介绍其中的 4 种内容，分别是内容生产、直播创新、CEO（chief executive officer，首席执行官）上阵、内容丰富。

8.6.1 内容生产：用户全面参与

在直播圈，UGC（user generated content，用户创造内容）已经成为一个非常重要的概念，其影响着整个直播领域的内容发展方向。在直播营销里，UGC 主要包括两个方面的内容，具体如图 8-9 所示。

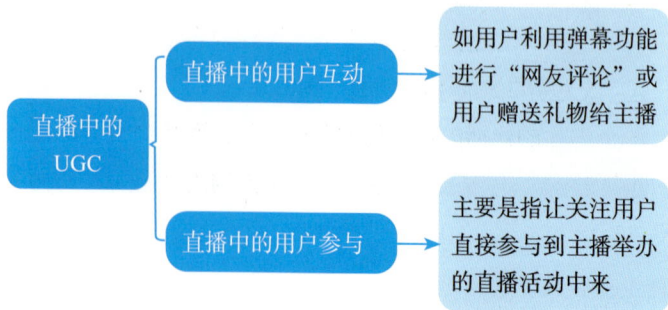

图 8-9

让用户直接参与直播活动是直播最重要的环节之一。在直播的发展大势中，只有让用户参与内容生产，才能更好地丰富直播内容，才能实现直播的长久发展。

要让用户参与到直播中来，并不是一件简单的事，而是要具备必要的两个条件才能完成的，即优秀的主播和完美的策划。在具备了这两个条件的情况下，基于直播潮流的兴起，再加上用户的积极配合，一场内容有趣、丰富的直播也就不难见了。

在直播过程中，用户是直播主体之一，缺失了这一主体，直播不仅会逊色很多，甚至有可能导致直播目标和任务难以完成。

8.6.2　直播创新：无边界内容

正如"无边界管理"最终演变成了"没有管理就是最好的管理"一样，直播中的"无边界内容"也是一种与传统的内容完全不同的概念，也就是说，它是一种创新性的概念。

概括来说，"无边界内容"的直播营销就是在直播中完全没有看到任何与商品相关的内容，但是直播所表达出来的概念和主题等却会给用户留下深刻的印象，让观众在接受直播概念和主题的过程中推动着它们迅速扩展，最终促成商品的营销。在传统的广告推广中，"无边界内容"的方式就有经典且很成功的案例。

"无边界内容"指的是有大胆创意的、不拘一格的营销方式。如今，随着直播营销竞争的加剧，企业在进行直播内容创新时，可以考虑多创造一些"无边界"的内容，吸引人们的注意力。

"无边界"的直播内容更易被用户接受，而且会悄无声息地引发他们的购买欲望。当然，企业在创造无边界的内容时，只有设身处地地为用户着想，才能让用户接受你的商品和服务。

8.6.3　CEO 上阵：增加更多期待

自从直播火热以来，各大网红层出不穷，用户早已对此感到审美疲劳。而且大部分带货直播的内容没有深度，千篇一律，只是一时火热，并不能给用户带来什么用处。

因此，很多企业使出了让 CEO 亲自上阵这一招，如图 8-10 所示。CEO 本身就是一个比较具有吸引力的群体，再加上 CEO 对商品通常都有专业性的了解，所以 CEO 亲自上阵做直播会让用户对直播内容有更多的期待。

图 8-10

当然，一个 CEO 想要成为直播内容的领导者，也是需要具备一定条件的。笔者将其总结为 3 点，如图 8-11 所示。

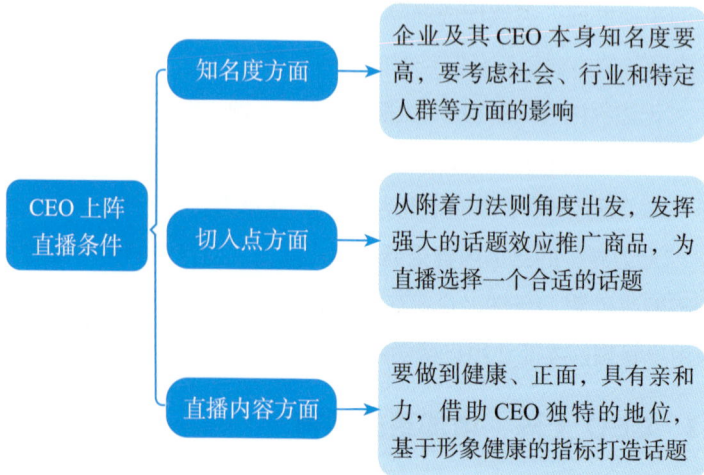

图 8-11

CEO 上阵固然能使得内容更加专业化，可以吸引更多用户关注，但同时也要注意直播中的一些小技巧，让直播内容更加优质。

8.6.4 内容丰富：邀请特色高手

在抖音平台的直播间内，除了邀请经过专业培训的主播或明星来进行直播以外，还有另外一类人群也可以被邀请进入直播间进行直播，那便是一些民间的具有某一技能或特色的高手，这也是一些直播在网络上比较火的原因之一。

所谓"高手在民间"，在直播平台所涉及的各领域中，现实生活中总会有众多在该领域有着突出技能或特点的人存在。抖音平台内的直播间通过邀请这些人进入直播间，一方面可以丰富直播内容，打造更有趣味性的直播间。另一方面，民间高手的直播，必然与平台培训的主播和明星直播，无论在风格还是内容上都是迥然不同的，这必然会吸引平台用户的注意。

在现有的视频直播行业中，还是有着许多这样的案例存在的，无论是在知名的直播平台上，还是商家自身推出的直播中，都不乏其例。

例如，一些教育机构通过自身账号推出直播节目，这些节目不仅有付费的，还有开通会员即可免费的，可供有着不同需求的用户选择，如图 8-12 所示。

除此之外，还有一些电商运营账号，他们大都是利用自身现有的资源来打造直播内容。虽然他们的直播内容可能在直播过程中还存在一些运营方面需要改善的问题，但是他们的直播内容却是根据自身的实践、思考和感悟来写的，能体现出更明显的真实性和趣味性。

另外，还有一些知名的品牌和企业，利用各种平台邀请民间高手或艺术大师等进行直播，也是通过打造趣味直播内容来增加企业和品牌吸引力的，从而提升了在其专业领域的影响力。

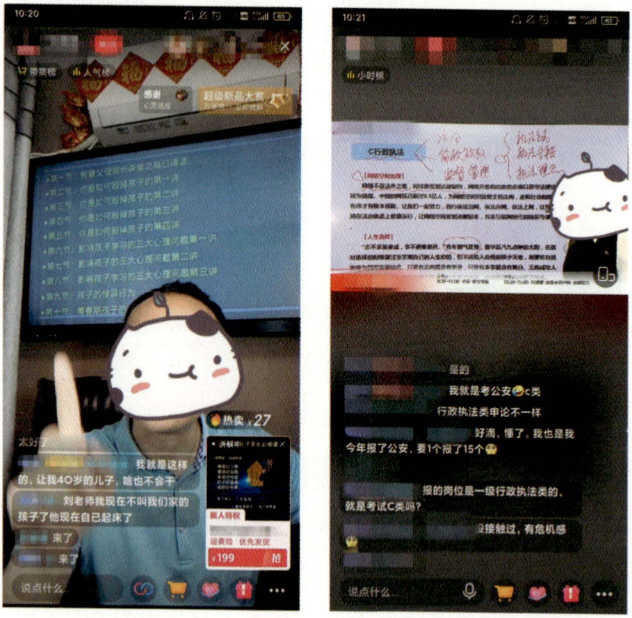
10:20
带货榜
人气榜
感谢
超级新品大赏
热卖 x27
太好了
我就是这样的，让我40岁的儿子，啥也不会干
刘老师我现在不叫我们家的孩子了他现在自己起床了
来了
来了
新人特权
运费险 优先发货
¥199
抢
说点什么...
10:21
小时榜
C行政执法
是的
我就是考公安c类
行政执法类申论不一样
好滴，懂了，我也是我今年报了公安，要1个报了15个
报的岗位是一级行政执法类的，就是考试C类吗？
接触过，有危机感
说点什么...

图 8-12

03　用户运营篇

第9章

吸粉引流：
更精准触达目标
消费人群

抖音短视频平台为用户提供了许多引流功能，商家可以利用这些功能吸引用户的关注。同时，商家还可以在抖音短视频平台中展示自己的联系方式，将用户聚集起来，建立私域流量池。

9.1　抖音引流：将用户拉入私域流量池

在互联网中，只要有了流量，变现就不是难题。而如今的抖音，就是一个坐拥庞大流量的平台。商家只要运用一些小技巧，就可以吸引到相当大的一部分流量，有了流量，可以帮你更好地进行变现。

9.1.1　硬广引流：直接展示优势

硬广引流法是指通过在短视频中展示商品或品牌获得流量的一种方法。运用这种方法引流时，商家可以直接展示商品或品牌的优势，也可以将平时在朋友圈发的反馈图全部整理出来，然后将这些反馈图制作成短视频。

图 9-1 所示为硬广引流示例，通过告诉观众这件汉服加其他物品一共只要 78 元的价格优势来吸引顾客。

图 9-1

9.1.2　评论引流：吸引更多用户

许多用户在看抖音短视频时，会习惯性地查看评论区的内容。用户如果觉得短视频内容比较有趣，还可以通过＠抖音号，吸引其他用户前来观看该视频。因此，如果用户的评论区利用得当，便可以起到不错的引流效果。

抖音短视频中能够呈现的内容相对有限，这就有可能出现一种情况，那就是有的内容需要通过其他方式进行补充。这时，商家便可以通过评论区的评论来进一步补充。另外，在短视频刚发布时，可能看到短视频的用户不是很多，也不会有太多用户进行评论。如果此时商家在评论区进行评论或回复用户的评论，也能在一定程度上提高短视频评论量。

除了通过自我评论补充信息之外，商家还可以通过回复评论解决用户的疑问，引导用户的情绪，从而提高商品的销量。

回复评论看似一件再简单不过的事，实则不然。为什么这么说呢？这主要是因为在进行评论时还有如下一些需要注意的事项。

1．第一时间回复评论

商家应该尽可能地在第一时间回复用户的评论，这主要有两个方面的好处：一是快速回复用户能够让用户感觉到你对他（她）很重视，这样自然能增加用户对你和你的抖音号的好感；二是回复评论能够从一定程度上增加短视频的热度，让更多用户看到你的短视频。

那么，商家如何才能做到第一时间回复评论呢？其中一种比较有效的方法就是在短视频发布的一段时间内，及时查看用户的评论。一旦发现有新的评论，便在第一时间做出回复。

2．不要重复回复评论

对于相似的问题，或者同一个问题，商家不要重复进行回复，这主要有两个原因。一个是很多用户的评论中或多或少会有一些营销的痕迹，如果重复回复，那么整个评论界面便会看到很多有广告痕迹的内容，而这些内容往往会让用户反感。

另一个是相似的问题，点赞相对较高的问题会排到所有评论的靠前位置，商家只需针对点赞较高的问题进行回复，其他有相似问题的用户自然就能看到。而且这还能减少评论的回复工作量，节省大量的时间。

3．注意规避敏感词汇

对于一些敏感的问题和敏感的词汇，商家在回复评论时一定要尽可能规避。当然，如果避无可避，也可以采取迂回战术，如不对敏感问题做出正面的回答，用一些其他意思相近的词汇或用谐音代替敏感词汇。

9.1.3 合拍引流：利用视频引流

商家可以借助抖音的"合拍"功能，利用原有短视频或视频中的某位知名人士进行引流。所谓"合拍"，就是在一个短视频的基础上，再拍摄另一个短视频，然后这两个短视频分别在屏幕的左右两侧同时呈现。图 9-2 所示为合拍视频。

图 9-2

9.1.4　矩阵引流：增强营销效果

抖音矩阵就是通过多个账号的运营进行营销推广，获取稳定的流量，从而增强营销的效果。抖音矩阵可分为两种：一种是个人抖音矩阵，也就是某个商家同时运营多个抖音号，组成营销矩阵；另一种是多个有着联系的商家组成一个矩阵，共同进行营销推广。

例如，某位商家借助抖音矩阵打造了多个用户，且每个抖音号都拥有一定数量的粉丝，如图 9-3 所示。

图 9-3

9.1.5　互推引流：提高传播范围

互推就是互相推广的意思。大多数抖音号在运营过程中都会获得一些粉丝，只是通过普通的引流方式，获得的粉丝数量可能并不是很多。此时，商家便可以通过与其他抖音号进行互推，让更多用户看到你的抖音号，从而提高抖音号的传播范围，让抖音号获得更多的流量。

在抖音平台中，互推的方法有很多，其中比较直接有效的一种互推方法就是在短视频中互相 @，让用户看到相关短视频之后，就能看到互推的账号。

图 9-4 所示为账号互推视频案例，可以看到这两条短视频中就是通过使用 @ 功能来进行互推的，再加上这两个账号背后的运营者属于父女关系，因此这两个账号之间具有很强的信任度，互推的频率也可以进行把握。所以，这两个账号的互推通常能获得不错的效果。

图 9-4

9.1.6　分享引流：实现精准引流

　　抖音中有分享转发功能，商家可以借助该功能将抖音短视频分享至对应的平台，从而达到引流的目的。那么，如何借助抖音的分享转发功能引流呢？接下来，笔者就对具体的操作步骤进行说明。

Step 01 登录抖音短视频 App，进入需要转发的视频播放界面，点击 ↗ 图标，如图 9-5 所示。

Step 02 执行操作后，弹出"分享给朋友"提示框。在该提示框中，商家可以选择要分享短视频的平台。以将短视频分享给微信好友为例，此时，商家需要做的就是选择提示框中的"微信好友"选项，如图 9-6 所示。

Step 03 执行操作后，播放界面中会弹出一个提示框。点击提示框中的"发送视频到微信"按钮，如图 9-7 所示。

Step 04 进入微信 App，选择需要转发短视频的对象，如图 9-8 所示。

图 9-5

图 9-6

图 9-7

图 9-8

Step 05 进入微信聊天界面，长按输入栏，会弹出一个提示框。点击"粘贴"按钮，如图 9-9 所示。

Step 06 执行操作后，在输入栏中便会出现刚刚复制的短视频口令，然后点击"发送"按钮，如图 9-10 所示。

图 9-9

图 9-10

Step 07 执行操作后，聊天界面中便会出现短视频口令。微信好友收到链接后，如果想要查看该视频，可以复制这条短视频口令，如图 9-11 所示。

Step 08 微信好友复制口令后，进入抖音短视频 App 首页，点击🔍图标，如图 9-12 所示。

图 9-11

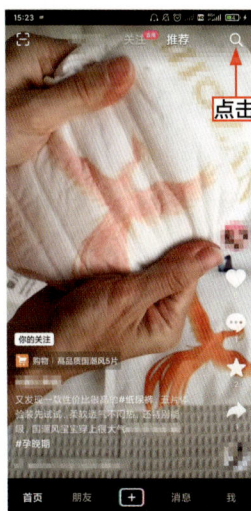

图 9-12

Step 09 进入抖音短视频 App 的搜索界面，长按界面中的搜索栏，❶将视频口令粘贴至搜索栏中；❷点击"搜索"按钮，如图 9-13 所示。

Step 10 执行操作后，商家分享的视频便会出现在搜索结果中。用户只需点击该视频所在的位置，便可全屏查看该视频的内容，如图9-14所示。

图 9-13　　　　　　　　　　　　图 9-14

9.1.7　抖音码引流：方便用户点击

抖音码实际上就是根据短视频链接生成的二维码，商家将抖音码分享出去之后，用户便可以通过抖音 App"扫一扫"功能进入短视频的播放界面。具体来说，商家可以通过如下步骤，借助抖音码进行引流。

Step 01 登录抖音短视频 App，进入需要分享的短视频播放界面，点击▣图标，如图 9-15 所示。

Step 02 执行操作后，弹出"分享给朋友"提示框，选择"抖音码"选项，如图 9-16 所示。

Step 03 执行操作后，界面中会出现短视频二维码和"分享到"提示框。如果商家要将短视频分享给微信好友，便可以选择提示框中的"微信好友"选项，如图 9-17 所示。

Step 04 执行操作后，弹出"图片已经保存至本地相册"提示框，点击提示框中的"去微信好友分享"链接，如图 9-18 所示。

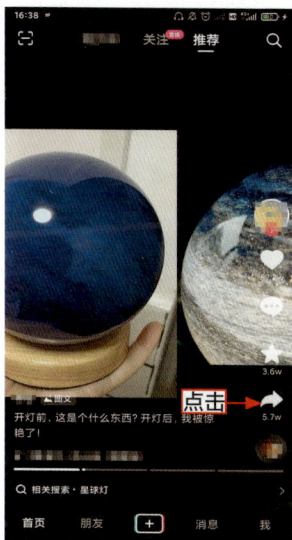

图 9-15

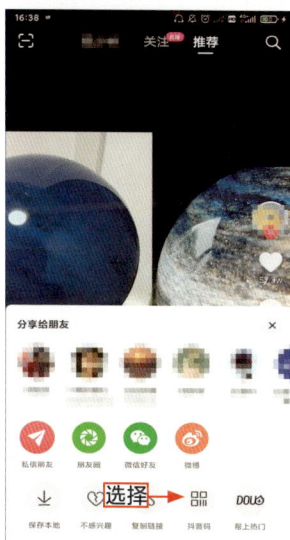

图 9-16

图 9-17

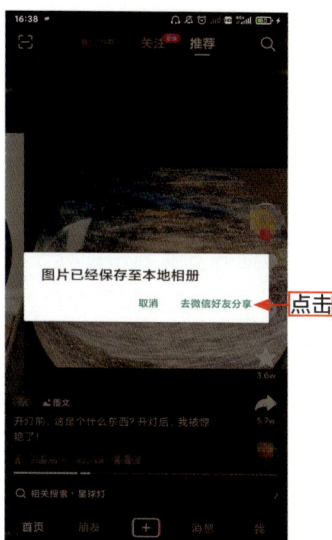

图 9-18

Step 05 进入微信界面，选择你想要分享的朋友，如图 9-19 所示。

Step 06 进入聊天界面，❶点击⊕图标；❷点击提示框中的"相册"按钮，如图 9-20 所示。

图 9-19

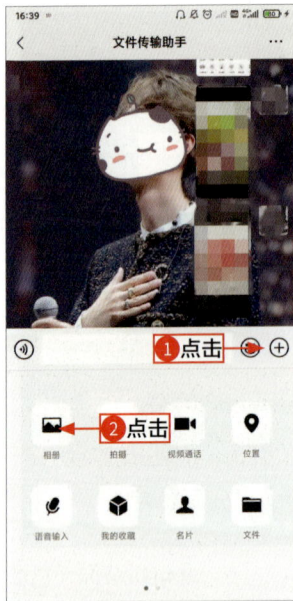

图 9-20

Step 07 执行操作后，❶选择刚刚生成的短视频二维码；❷点击"发送"按钮，如图 9-21 所示。

Step 08 执行操作后，微信聊天界面中便会出现刚刚选择的短视频二维码图片，如图 9-22 所示。

Step 09 微信好友看到短视频二维码之后，如果要查看短视频，可以保存该二维码，并进入抖音首页，点击界面中的▤图标，如图 9-23 所示。

Step 10 执行操作后，点击界面中的"相册"按钮，如图 9-24 所示。

Step 11 进入"所有照片"界面，微信好友需要从界面中选择刚刚保存的短视频二维码图片，如图 9-25 所示。

Step 12 执行操作后，微信好友便可以进入商家分享的短视频播放界面，如图 9-26 所示。这样一来，商家便可以借此为分享的短视频获得一定的流量了。

图 9-21

图 9-22

图 9-23

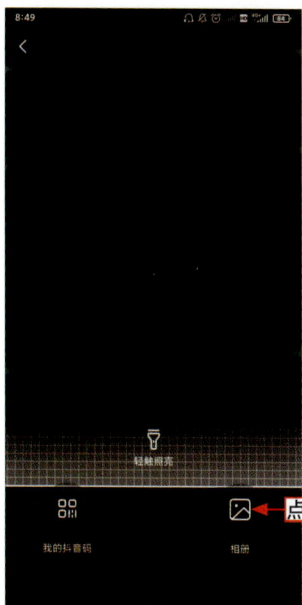

图 9-24

图 9-25

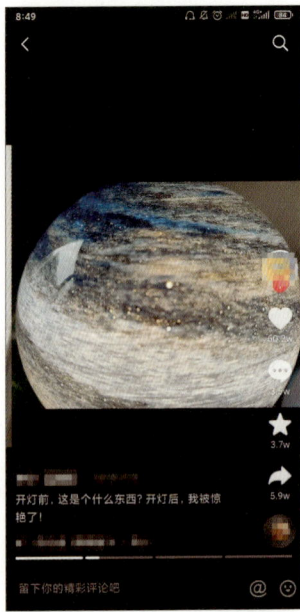

图 9-26

9.1.8　私信引流：增加视频流量

　　商家可以借助抖音平台的"私信好友"功能，直接将短视频转发给抖音好友，从而增加短视频的流量。具体来说，商家可以通过如下步骤分享抖音短视频。

Step 01 登录抖音短视频 App，进入需要分享的视频的播放界面，点击 ➦ 图标，如图 9-27 所示。

Step 02 执行操作后，弹出"分享给朋友"提示框，选择提示框中的"私信朋友"选项，如图 9-28 所示。

Step 03 执行操作后，选择你需要分享的朋友，点击右侧的"分享"按钮，如图 9-29 所示。

Step 04 执行操作后，短视频链接便会出现在聊天界面中，如图 9-30 所示。抖音好友只需点击该链接，便可前往短视频播放界面全屏查看视频内容。

图 9-27

图 9-28

图 9-29

图 9-30

9.2　平台引流：快速为商品带来销量

如今，短视频和直播已经成了新的流量红利阵地，具有高效曝光、快速涨粉和有效变现等优势。另外，商家还可以利用各种站内外渠道给自己的商品、直播间和短视频引流，在增加账号粉丝量的同时，为商品带来更多的流量和销量。

9.2.1　小店随心推：助力新手推广

抖音平台为了实现广告和电商全方位的融合协同，适配电商营销场景，特意打造了 DOU ＋电商专属版本——小店随心推。

当前 DOU ＋作为提高内容热度的营销工具，因为操作便捷、易用性好的优势，一直备受中小商家欢迎。小店随心推的出现，将 DOU ＋与小店紧密结合，成了新手在移动端推广小店商品时的入门工具。

小店随心推是巨量千川平台中的一个版本，其主要有两个适用目标，一是短视频，二是直播。此外，小店随心推中的数据与巨量千川平台对应，在原有版本的基础上增加了更为详细的数据，可以帮助商家全方面地了解销售数据。

9.2.2　主播券：增加商品销量

主播券主要针对开通了精选联盟功能的达人，它可以帮助达人增加带货商品的销量，以及帮助商家提高收益。需要注意的是，主播券的成本由带货达人来承担，商家付出的佣金和最终的收入不受影响。

达人设置了主播券后，相当于达人将自己的部分佣金让利给了用户，从而为商品带来更多的销量。同时，用户需要关注达人才能领券购买商品，如图 9-31 所示。这种引流方式对于精准用户的吸引力极大，能够快速增加达人的粉丝量。

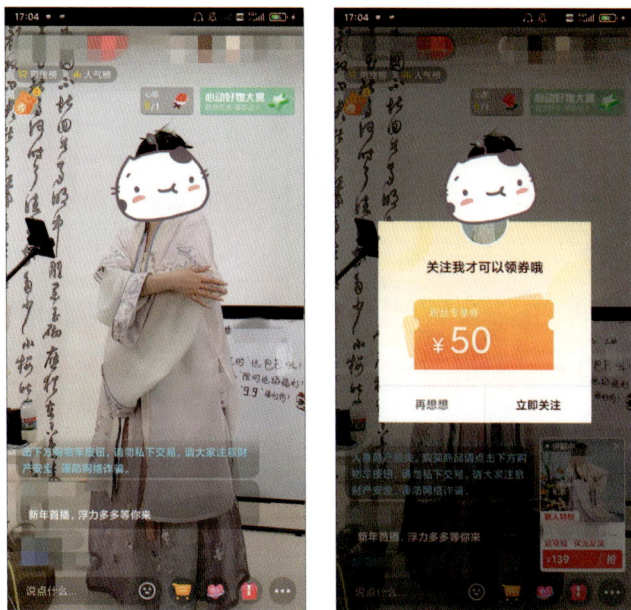

图 9-31

9.2.3　DOU+：提升视频播放量

DOU ＋是抖音帮助创作者的视频或直播间加热的工具。目前来说，DOU ＋主要有 5 点优势，分别是投放门槛低、预算门槛低、操作简单、实时监测投放并进行分析、原生化。

1. 视频 DOU ＋

视频 DOU ＋是为视频提供加热功能的工具，可以帮助创作者提高视频的播放量以及互动量，视频 DOU ＋主要分为速推版和定向版两种版本。

商家选定好自己要推广的短视频，然后点击 图标，如图 9-32 所示。点击"帮上热门"按钮，如图 9-33 所示。

执行操作后，可以看到出现速推版和定向版两种选择界面，商家根据自己的需求选择相应的版本即可，如图 9-34 所示。

图 9-32

图 9-33

图 9-34

特别提醒	值得注意的是，速推版只保留了核心功能，投放的目标主要是点赞评论量和粉丝量两种；而定向版则包含了各种功能，可使得投放更加精准。

图 9-35 所示为定向版投放功能。定向版投放能够帮助商家提升点赞评论量、粉丝量以及主页浏览量；其投放的时长可以分为 2 小时、6 小时、12 小时、24 小时等；投放方式也分为系统智能推荐和自定义定向推荐两种，其中自定义定向推荐还可以自定义推荐性别、年龄、地域、兴趣标签和达人相似粉丝等。

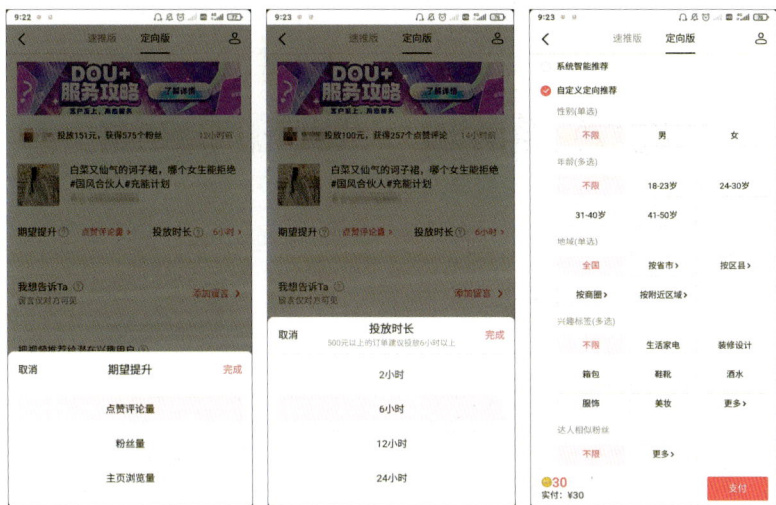

图 9-35

2. 直播间 DOU ＋

直播间 DOU ＋是为了帮助达人提高直播间的人气，可以在直播前和直播中两个阶段进行推广加热。

1）直播前

在直播前进行 DOU ＋加热是为了让更多的用户了解直播间，提高直播间的曝光度，商家点击＋按钮，如图 9-36 所示。选择"开直播"选项，如图 9-37 所示。

图 9-36　　　　　　　　　　　　图 9-37

　　执行操作后，选择"DOU ＋上热门"选项，如图 9-38 所示。根据自己的情况设置好直播加热相关数据，点击"支付"按钮即可，如图 9-39 所示。

图 9-38　　　　　　　　　　　　图 9-39

2）直播中

当直播人数较少的时候，也是可以通过 DOU ＋加热的。商家点击右下角的■图标，如图 9-40 所示。选择"DOU ＋上热门"选项，如图 9-41 所示。根据自己的情况设置好直播加热相关数据，点击"支付"按钮即可，如图 9-42 所示。

| 图 9-40 | 图 9-41 | 图 9-42 |

9.2.4　直播预告：快速吸粉引流

很多主播在直播的过程中，都遇到过引流效果差、直播观看人数不稳定、缺少粉丝互动等问题。另外，对于用户来说，也有可能会遇到自己喜欢的主播开播了，但自己却不知道的情况，从而错过了精彩的内容和优质的商品。

下面介绍两种通过直播预告快速引流吸粉的方法，帮助主播让自己的直播间触达更多潜在用户，提升直播间的精准推荐与转化效果。

1．利用直播预告贴纸吸粉

主播可以发布直播预告视频，将直播时间和主题提前告诉用户，在提升看播量和流量转化效率的同时，还可以进行精准"种草与收割"。另外，主播还可以分析直播预告视频的观看和互动数据，提前预估直播流量，做好充分的准备工作，为直播间观众带来更好的互动体验。

2. 主播个人页直播动态吸粉

主播可以在自己的个人主页中设置与修改直播公告，当用户访问主播的主页时，可以随时在"直播动态"栏中看到直播公告，如图9-43所示。

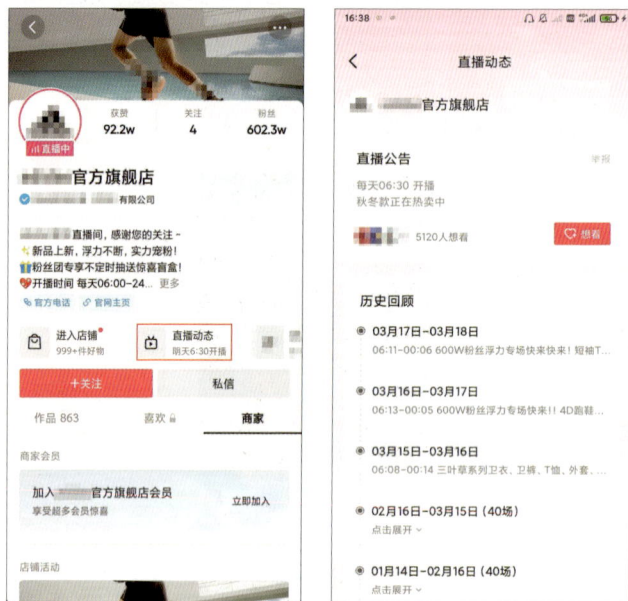

图 9-43

在主播的"直播动态"详情界面中，所有粉丝都可以看到主播过去直播场次的历史回顾，开播历史有迹可循，也让粉丝知道你的直播频率，这样主播形象更加丰富立体。对于新用户来说，可以通过直播动态的回顾加强与主播的互动与情感共鸣，从而增强用户黏性，提高转化率。

3. 直播引流的相关技巧

下面笔者总结了一些直播引流的相关技巧。

❖ 开播预热：在直播开始前 3 个小时左右，发布一个短视频进行预热，这样开播时能够快速吸引粉丝进入直播间观看。

❖ 同城定位：主播可以开启直播间的同城定位功能，吸引更多附近的粉丝观看直播，如果附近的人比较少也可以切换定位地点。

❖ 直播预告：主播可以在个人主页的简介区发布直播预告动态内容，告诉粉丝你的直播时间和主题。

❖ 开播时间：主播必须根据自己的粉丝群体属性来确定开播时间，确保在你开播时粉丝也有空，这样直播时才会有更多粉丝观看。

❖ 标题封面：好看的封面能够让直播间获得更多曝光量，标题则要尽量突出主播的个人特点和内容亮点，展示主要的直播内容。

❖ 分享直播间：当主播开播后，可以将直播间分享给好友和粉丝，同时充分展示自己的才艺，并通过各种互动玩法提升直播间人气。

❖ 参与直播活动：主播也可以积极参与平台推出的直播活动，赢取更多曝光机会和流量资源。

9.2.5　私域流量：引发情感共鸣

商家可以将自己的带货短视频或直播间分享给微信好友、朋友圈、QQ 空间以及微博等社交媒体平台，通过私域流量来为商品引流。

在社交媒体上发布带货内容时，由于一些不恰当的刷屏，常常会受到好友或粉丝的排斥、屏蔽、拉黑，不但使带货效果大打折扣，还会影响与好友的情感。

商家想要在社交媒体上赢得好友和粉丝的好感，增加信任度，需要多提升自己的存在感。例如，"颜值"高的商家可以展现帅气甜美的形象，"颜值"越高吸引力就越大，还可以间接引发情感上的共鸣。

在社交媒体上，商家除了在进行营销时发商品的短视频和基本信息以外，为了让粉丝信任自己，也可以分享一些工作内容、工作环境、工作进展等，拉近与粉丝的距离，增强情感共鸣。

第10章

直播推广：
连接海量用户和
优质商品

在抖音平台上，通过营销推广可以快速获得粉丝，能够挖掘平台上更多的隐性流量，给商品和店铺带来更多的展示机会，让商品彻底抓住用户的心。因此，对于商家和运营者来说，营销推广是一个很大的逆袭机会，能够获得长久的流量曝光和转化效果。

10.1　优惠促销：刺激用户下单

优惠券是抖音商家最常用的营销工具，能够快速提升 GMV 和销售额，是商家打造"爆款"商品的"不二法宝"。很多用户在抖音平台上购买商品时，都希望获得一些优惠。此时，商家和运营者便可以使用各种优惠券来进行促销，让用户觉得商品的价格更划算。本节笔者就为大家介绍抖音电商平台上优惠券的使用方法。

10.1.1　间接灵活：商品优惠券

商品优惠券是针对店铺中指定商品使用的优惠券，可以帮助商家和运营者实现爆款促销和交易额破零等目标，如图 10-1 所示。

图 10-1

10.1.2　专属优惠：店铺新人券

店铺新人券是针对从来没有在店铺消费过的用户提供的专属优惠

券，用户领券后在购买商品时可抵扣对应面额的订单金额，能够有效提升直播间的新用户转化效果，完成店铺的拉新目标。

商家创建店铺新人券后，将展示到直播间的左上角与"优惠"面板、商品详情页与"优惠"面板、个人券中心等渠道，同时还会露出"新人券"或"新人专享"的标识，如图 10-2 所示。

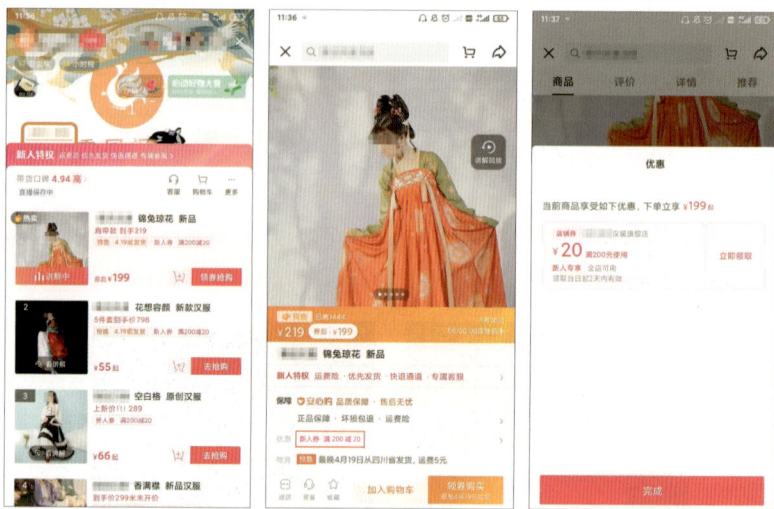

图 10-2

特别 提醒	商家创建的店铺新人券生效后，将会自动发放到绑定该店铺的抖音号直播间中，商家或主播无须再去其他平台手动发放。需要注意的是，新人券默认可用于全店铺商品范围，因此商家需谨慎设置面额。

10.1.3 快速精准：粉丝专享券

粉丝专享券是指用户关注店铺即可获得的优惠券，这些优惠券能够帮助店铺快速获取大量粉丝。

Step 01 商家进入抖店后台，选择"营销中心"选项，如图 10-3 所示。

Step 02 执行操作后，❶选择"营销工具"选项；❷选择"优惠券"选项；❸单击"新建批次券"按钮，如图 10-4 所示。

图 10-3

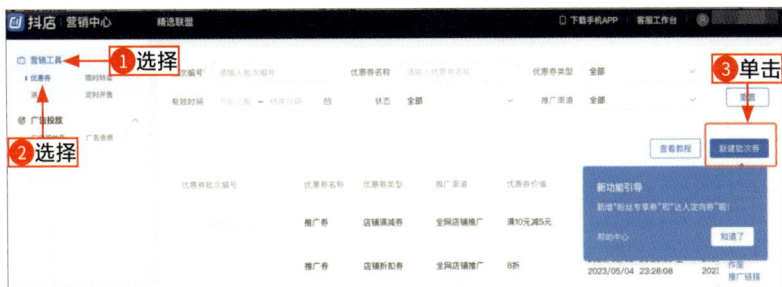

图 10-4

Step 03 在"新建批次券"页面，选择"粉丝专享券"选项，如图 10-5 所示。

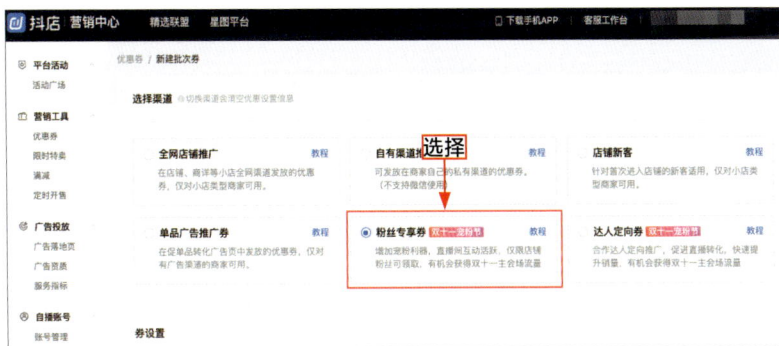

图 10-5

Step 04 执行操作后，页面下方出现"券设置"版面，❶商家按照要求进行设置；❷设置完成后，单击"提交"按钮，如图 10-6 所示。

图 10-6

10.1.4　定向渠道：达人定向券

达人定向券是一种由商家创建，然后指定给相应达人发放的定向渠道优惠券，其成本由商家承担，可以实现同一商品在不同达人带货时有不同的价格，有助于提升合作达人的直播间转化效果，同时提升达人的用户黏性，实现合作共赢。

在商家与达人合作的情况下，可以选择创建达人定向券，其步骤与创建粉丝专享券相同。但要在"新建批次券"页面，选择"达人定向券"选项，如图 10-7 所示。

执行操作后，页面下方出现"券设置"版面，❶商家按照要求进行设置；❷设置完成后，单击"提交"按钮，如图 10-8 所示。

图 10-7

图 10-8

值得注意的是，在达人定向券设置中的"领取用户限制"一栏里面有"全部用户可领"和"仅达人粉丝可领"两个选项。当选择"仅达人粉丝可领"的时候，需要达人提供达人 UserId。达人怎么获取 UserId 呢？首先进入抖音 App，点击"我"按钮，如图 10-9 所示。点击 按钮，如图 10-10 所示。点击"设置"按钮，如图 10-11 所示。

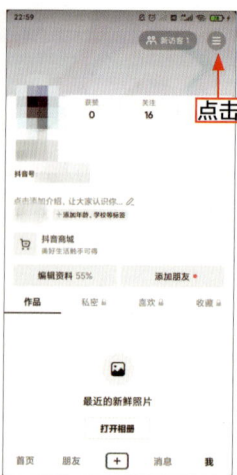

图 10-9 图 10-10 图 10-11

在设置页面下拉到底，点击"抖音 version19.7.0"按钮，如图 10-12 所示。执行操作后便可出现 UserId，如图 10-13 所示。

图 10-12 图 10-13

10.1.5 价格优惠：全店通用券

全店通用券适用于店铺中的所有商品，通过提高价格优惠力度引导用户下单，其展示效果如图 10-14 所示。

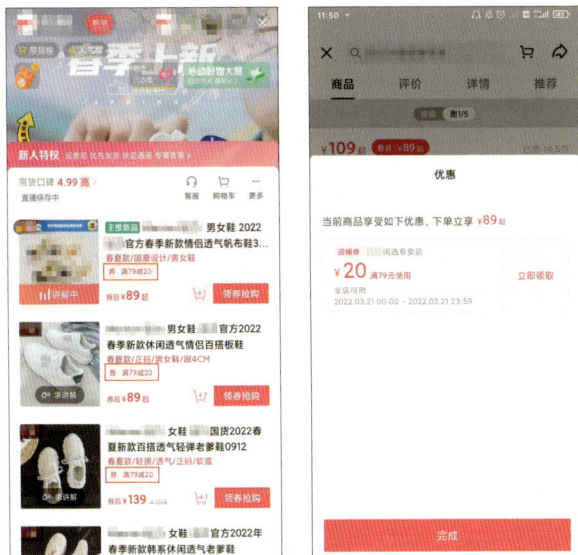

图 10-14

全店通用券的主要功能如图 10-15 所示。

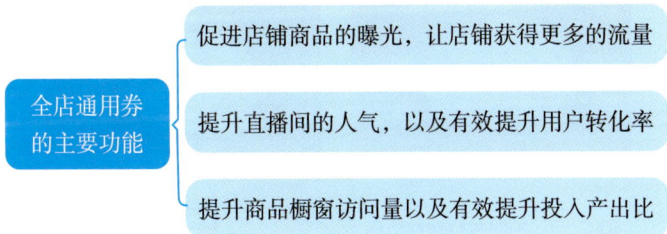

图 10-15

同时，商家还可以通过抖店后台的装修设计功能，将该优惠券展示到店铺首页中，强化促销效果，提升用户领取率。

10.2　营销工具：促进用户转化

在移动互联网时代，电商的营销不再是过去那种"砸墙抢夺流量"的方式，而是以粉丝为核心，所有商家和运营者都在积极打造忠诚的粉丝社群体系，这样才能让店铺走得更加长远。

在抖音店铺的运营过程中，使用抖音电商平台提供的营销工具可以快速获得粉丝，能够更好地为店铺引入流量，给商品和店铺带来更多的展示机会，并有效提升用户的下单转化率。

10.2.1　秒杀活动：限时限量购买

抖音电商的限时限量购营销工具也称为"秒杀"，是一种通过对折扣促销商品的货量和销售时间进行限定，来实现"饥饿营销"的目的，可以快速提升店铺人气和 GMV。

秒杀活动指的是在一定的时间内让用户抢购低于原价的特定商品，这种活动往往能够给用户带来一种紧迫感，让用户来不及思考便已经买下，能够很好地激发用户的下单欲望。

秒杀活动是让用户在一段时间内进行抢购，而等到商品全部售完或是超过时间，商品便会恢复原价，因此这种活动也称为"限时限量购"。图 10-16 所示为设置了秒杀活动的直播间。

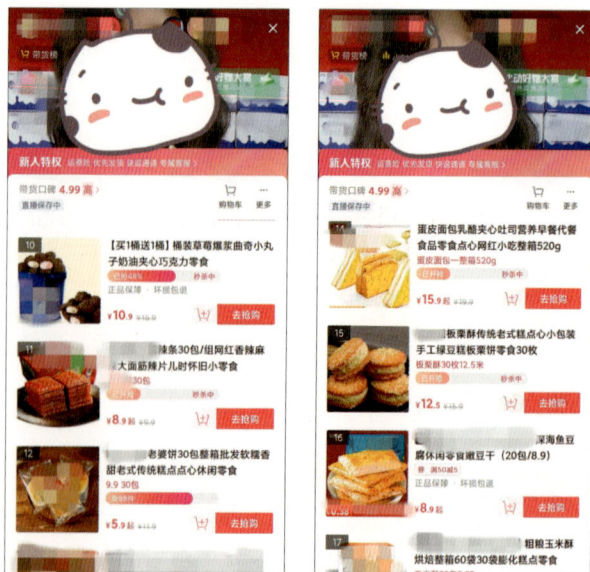

图 10-16

商家设置了限时限量购活动后，用户从抖音平台进入活动商品的直播间或商品详情页，可以看到有专属的活动标识和皮肤，能够营造出热烈的营销氛围，从而增强用户的转化效果。

10.2.2　满减活动：提升转化效果

满减活动是指通过为指定商品设置"满额立减""满件立减""满件 N 折"的优惠形式，对用户的购买决策产生影响，从而提升客单价和用户转化效果。下面介绍设置满减活动的操作方法。

Step 01 进入"抖店"｜"营销中心"页面，❶选择"营销工具"选项；❷选择"满减"选项；❸单击右上角的"立即新建"按钮，如图 10-17 所示。

图 10-17

Step 02 进入"新建活动"页面，在"设置基础规则"选项区设置各选项，包括活动的类型、名称、时间、优惠设置以及是否允许叠加店铺券等，如图 10-18 所示。其中，"优惠设置"选项采用阶梯优惠的方式，默认只有 1 个层级，点击"增加规则"按钮，最多可添加 5 个层级，下一层级的满额或折扣要大于上一个层级。

Step 03 在"选择商品"选项区中单击"添加商品"按钮，可在店铺中添加参与活动的商品，上限为 100 件。单击"提交"按钮即可创建满减活动。如果商家想中途停止进行中的活动，可以在"多件优惠"页面中，单击相应活动商品右侧的"设为失效"按钮即可，如图 10-19 所示。

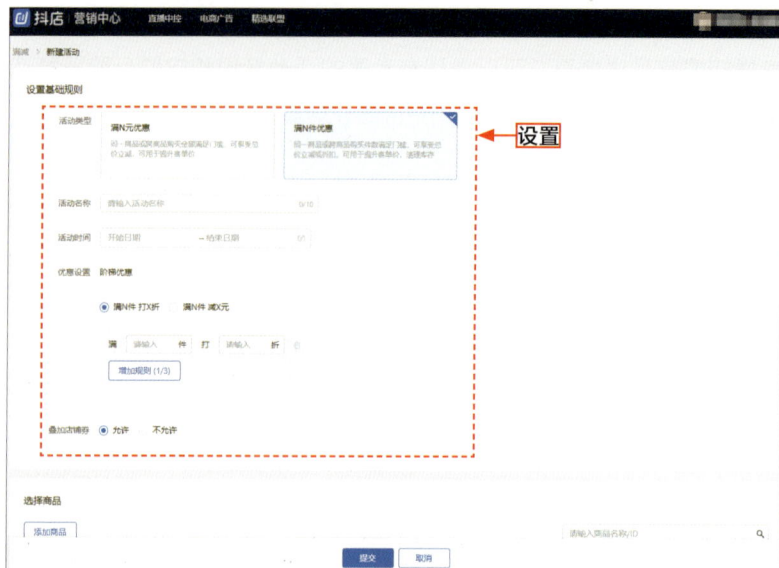

图 10-18

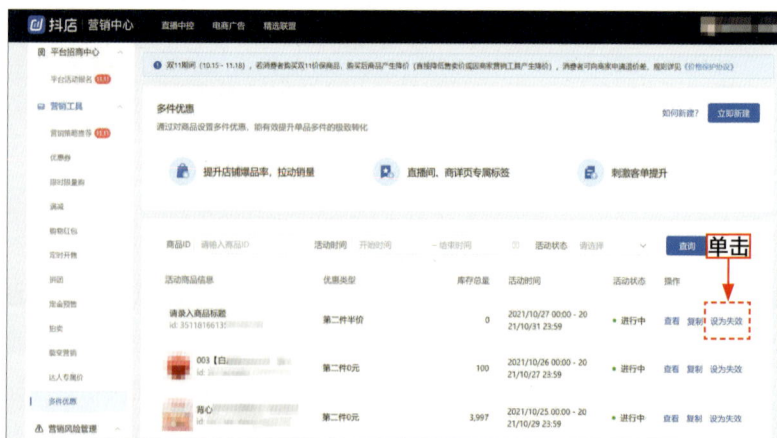

图 10-19

　　商家创建满减活动后，用户在直播间商品列表、店铺主页或商品详情页都可以看到相应的活动信息，从而能有效引导用户同时购买多个商品，如图 10-20 所示。

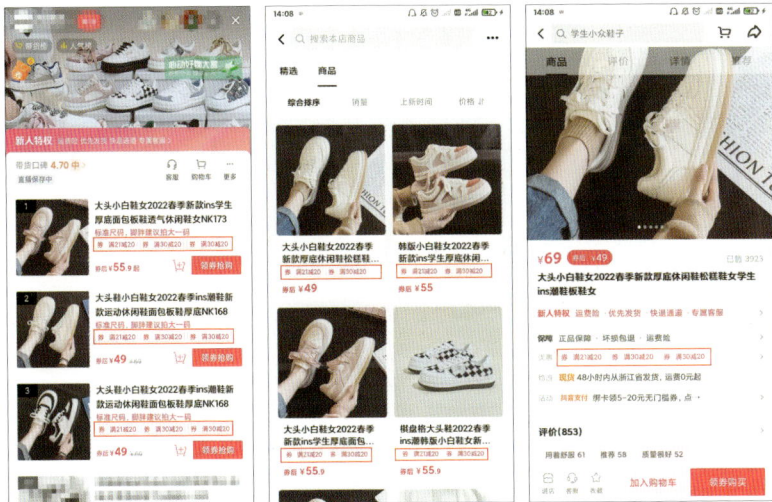

图 10-20

10.2.3　定时开售：助力新品预热

商家在即将上架新品的时候，可以通过定时开售活动来为新品预热引流，吸引用户预约和收藏新品，从而帮助商家了解商品的热度和预估销量。下面介绍设置定时开售活动的操作方法。

Step 01 进入"抖店"｜"营销中心"页面，❶选择"营销工具"选项；❷选择"定时开售"选项；❸单击"添加商品"按钮，如图 10-21 所示。

图 10-21

Step 02 执行操作后，弹出"添加商品"窗口，在此可以通过商品 ID、商品名称或上架状态来查询商品，如图 10-22 所示。

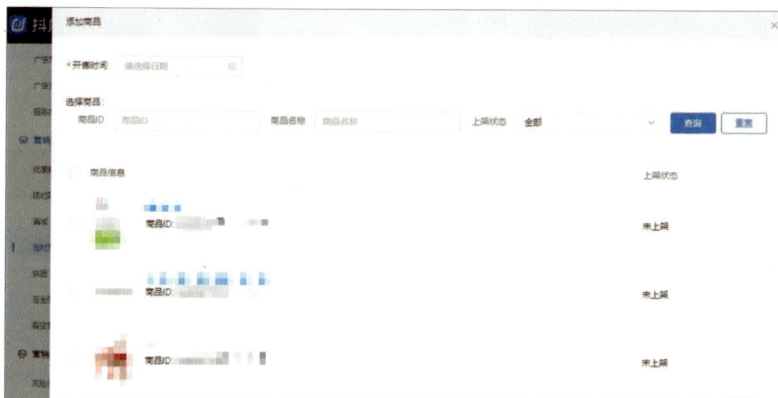

图 10-22

Step 03 选中相应商品前的复选框，单击页面最下方的"提交"按钮即可添加活动商品。图 10-23 所示为用户端定时开售活动的展示效果。

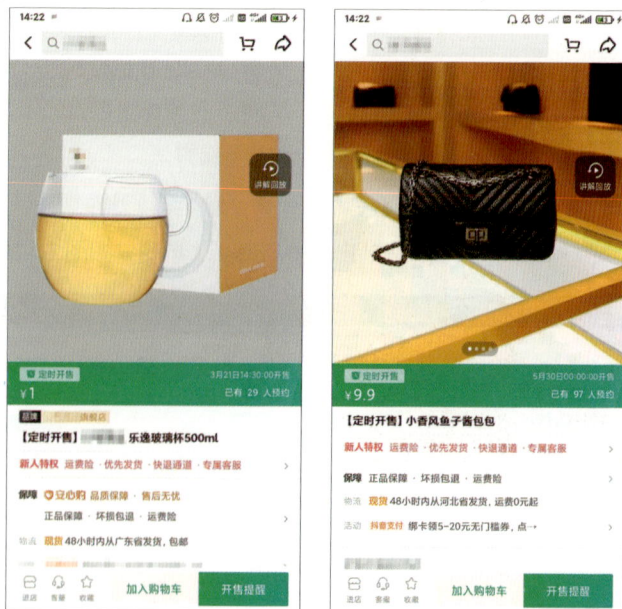

图 10-23

对于商家来说，开展定时开售活动，不仅可以通过用户的预约数据来了解商品热度，还可以营造出商品的稀缺感氛围，同时还能够通过平台的用户召回功能提升直播间或商品橱窗的流量。

10.2.4　超级福袋：规范抽奖流程

超级福袋是抖音平台推出的一款直播间抽奖活动，是直播间带货的营销互动工具，可以帮助主播提升直播间氛围。主播开启了超级福袋活动后，该活动将会以商品的形式出现在直播间的购物车中，主播可以通过口播的方式引导用户完成各种任务，如达到一定浏览时长或发送指定口令等，来获取抽奖资格，活动展示效果如图 10-24 所示。

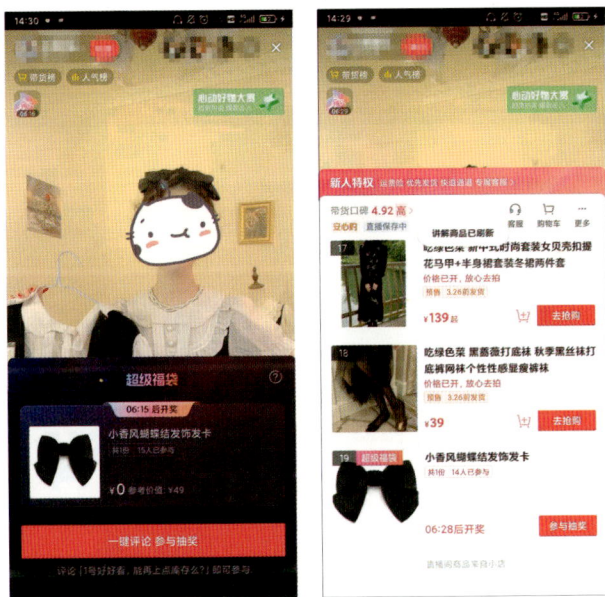

图 10-24

10.2.5　拼团活动：增加额外流量

拼团活动是指用户在购买某个活动商品时，可以通过分享直播间的方式邀请其他用户一起购买，当商品总体售卖件数符合条件后即可成团，同时能够享受优惠价格。拼团活动的主要优势如图 10-25 所示。

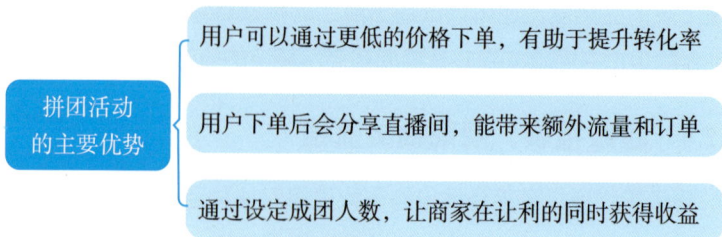

图 10-25

下面介绍设置拼团活动的操作方法。

Step 01 进入"抖店"|"营销中心"页面，❶在左侧导航栏中选择"营销工具"|"拼团"选项；❷单击右侧的"立即创建"按钮，如图 10-26 所示。

图 10-26

Step 02 进入"创建活动"页面，在此可以设置活动名称、活动时间、成团数量、是否开启自动成团以及订单取消时间等选项，如图 10-27 所示。

其中，成团数量的设置范围为 5 ～ 10 000，当拼团的用户达到该数量时便可成团；选中"开启自动成团"复选框后，若在拼团活动结束时未达到成团数量，也可以视为拼团成功；订单取消时间是指用户提交订单后如果一直没有付款，此时系统自动取消订单的时间，建议设置为 5 分钟。

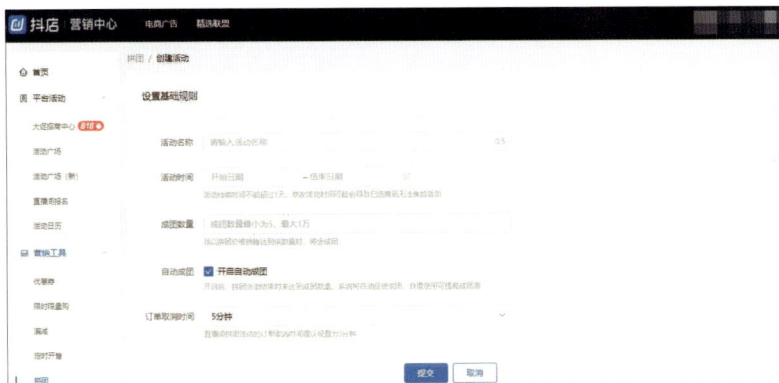

图 10-27

Step 03 在"创建活动"页面下方的"选择商品"选项区中，单击"添加商品"按钮，选择要参与活动的商品，同时商家还可以基于SKU（stock keeping unit，库存量单位）维度，来选择哪些 SKU 参加，哪些 SKU 不参加。设置完成后，单击"提交"按钮，即可创建拼团活动，如图 10-28 所示。

图 10-28

10.2.6　巨量千川：提高营销效率

巨量千川是巨量引擎平台推出的一个电商广告平台，为商家和运营者提供抖音电商一体化营销解决方案，帮助商家实现高效营销。

巨量千川已经与抖音电商实现了深度融合，有助于提升电商营销的效率和效果，助力商家实现销量长效增长和电商生态的健康发展。商家或运营者可以在抖店后台的顶部菜单栏中单击"电商广告"，如图 10-29 所示。

图 10-29

执行操作后，即可进入巨量千川平台，通过在"推广"页面中设置相应的营销目标和推广方式来创建推广计划，如图 10-30 所示。

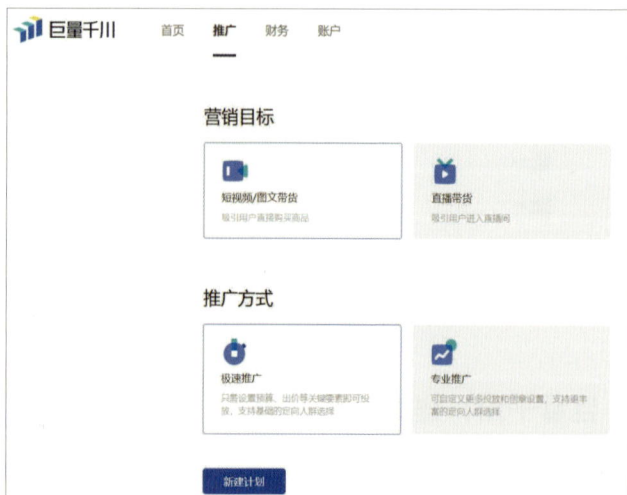

图 10-30

在"营销目标"选项区中，商家或运营者可以结合自己的营销目标，选择"短视频／图文带货"选项来吸引用户购买商品，或选择"直播带货"选项来吸引用户进入直播间下单。在"推广方式"选项区中，"极速推广"方式的操作门槛低，相对便捷，适合新手。"专业推广"方式则可以自由选择投放方式、投放速度、转化目标，以及设置日预算、出价、定向人群、投放日期和时段、创意类型、创意内容、创意分类和创意标签等选项，适合老手。

巨量千川的推广工具可以帮助商家和运营者提升短视频、直播带货的投放优化能力，同时还支持观看、互动、停留等浅层转化目标，以及对短视频商品购买、直播间下单等深度目标的优化。

第11章
数据分析：
高效转化用户
提升复购率

要想打造一个能吸引无数粉丝的直播间，除了要在直播间内更好地引导粉丝，还应该在每场直播后进行复盘，分析自己每场直播的数据，从而优化直播计划，高效提高用户的下单率，进而打造一个更具吸引力的直播间。

11.1 数据拆解：转变直播策略

直播数据是反映一场直播好与坏的关键，对直播间中的数据进行拆解可以帮助商家、达人更好地转变直播策略，调整直播计划。

11.1.1 用户行为：直播间转化意向度

用户的行为能够反映用户直播间的转化意向度，通过关注用户的行为可以初步了解直播间内粉丝的想法，以便更好地进行直播带货。一般来说，用户行为的数据如图 11-1 所示。

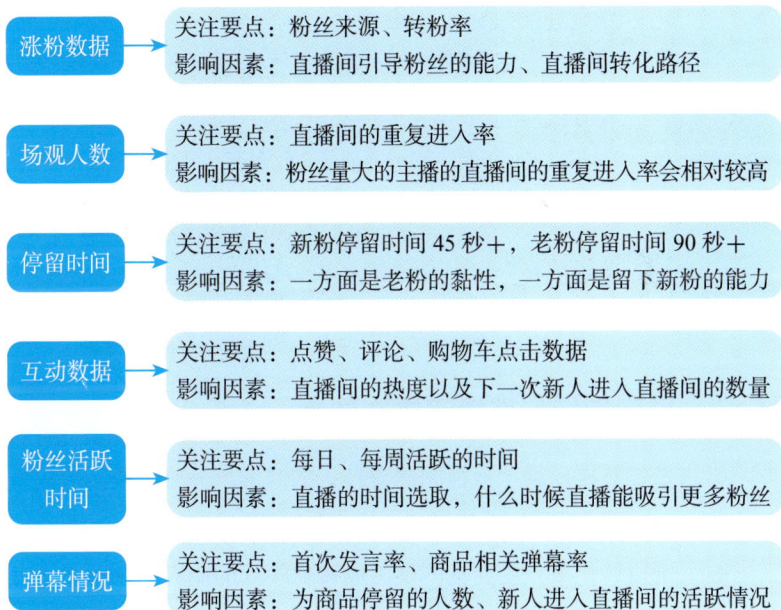

涨粉数据	关注要点：粉丝来源、转粉率 影响因素：直播间引导粉丝的能力、直播间转化路径
场观人数	关注要点：直播间的重复进入率 影响因素：粉丝量大的主播的直播间的重复进入率会相对较高
停留时间	关注要点：新粉停留时间 45 秒＋，老粉停留时间 90 秒＋ 影响因素：一方面是老粉的黏性，一方面是留下新粉的能力
互动数据	关注要点：点赞、评论、购物车点击数据 影响因素：直播间的热度以及下一次新人进入直播间的数量
粉丝活跃时间	关注要点：每日、每周活跃的时间 影响因素：直播的时间选取，什么时候直播能吸引更多粉丝
弹幕情况	关注要点：首次发言率、商品相关弹幕率 影响因素：为商品停留的人数、新人进入直播间的活跃情况

图 11-1

11.1.2 经营指标：经营情况及阶段

经营指标能够反映直播间目前的经营情况，因此了解相关的经营指标也能为直播间助力。经营指标主要有如图 11-2 所示的 7 种。

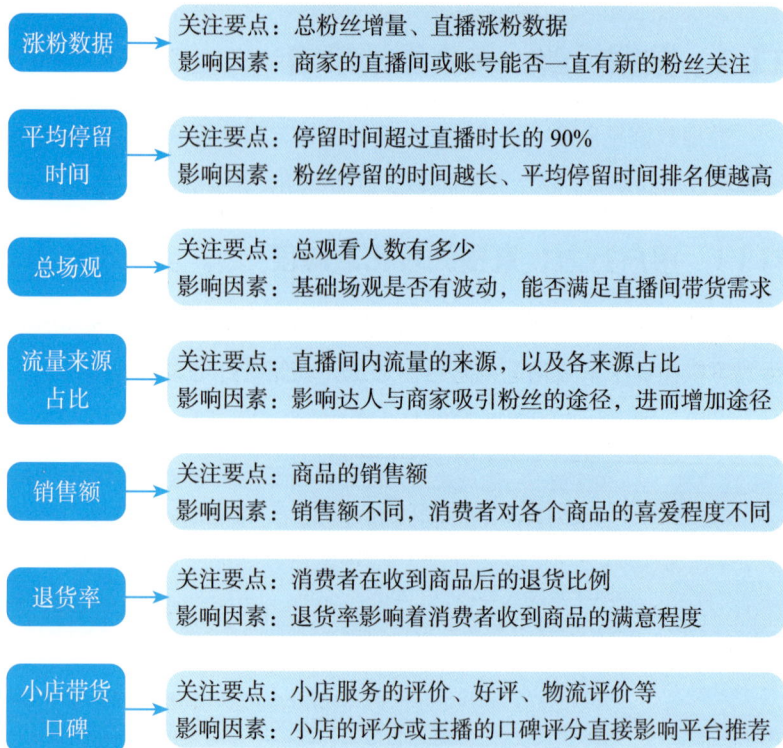

| 涨粉数据 | 关注要点：总粉丝增量、直播涨粉数据 |
| | 影响因素：商家的直播间或账号能否一直有新的粉丝关注 |

| 平均停留时间 | 关注要点：停留时间超过直播时长的 90% |
| | 影响因素：粉丝停留的时间越长、平均停留时间排名便越高 |

| 总场观 | 关注要点：总观看人数有多少 |
| | 影响因素：基础场观是否有波动，能否满足直播间带货需求 |

| 流量来源占比 | 关注要点：直播间内流量的来源，以及各来源占比 |
| | 影响因素：影响达人与商家吸引粉丝的途径，进而增加途径 |

| 销售额 | 关注要点：商品的销售额 |
| | 影响因素：销售额不同，消费者对各个商品的喜爱程度不同 |

| 退货率 | 关注要点：消费者在收到商品后的退货比例 |
| | 影响因素：退货率影响着消费者收到商品的满意程度 |

| 小店带货口碑 | 关注要点：小店服务的评价、好评、物流评价等 |
| | 影响因素：小店的评分或主播的口碑评分直接影响平台推荐 |

图 11-2

11.1.3 带货指标：直播间成交转化

带货指标直接反映了直播间成交转化的情况。一般来说，带货指标主要有 5 种，下面对其进行简单介绍。

✤ 带货转化率：主要指的是主播转化观众的能力，关键在于有穿透力的气场以及有吸引力的商品。

✤ 商品曝光率：指的是商品在直播间观众前展示的次数。商品的曝光率越高，销量也会相对较高。

✤ 付款率：一般来说，用户创建订单后付款的比例最好要达到 80% 以上。在直播间内，主播的促单行为能够提高付款率。

✤ UV 价值：指的是平均每个人进入直播间的价值，是用来衡量一个店铺内功的标准。

❖ 销售额：销售额受销量和客单价两者影响，商家可以尝试提高宠粉款、爆款的销量，这样销售额也会得到相应的提高。

11.2　数据分析：多平台共同助力

针对直播数据进行分析能够很好地帮助达人和商家调整直播策略，选择更受观众喜爱的商品，从而在下一次直播时吸引更多的观众。本节我们来看一下有哪些数据平台可以帮助商家进行数据分析。

11.2.1　巨量百应：全面升级数据

巨量百应平台有数据参谋的功能，能够帮助达人、商家很好地了解直播数据，帮助他们更好地进行直播复盘。数据参谋功能在第 6 章已经详细介绍过了，达人还可以在达人工作台首页了解自己的创作数据以及经营数据，如图 11-3 所示。

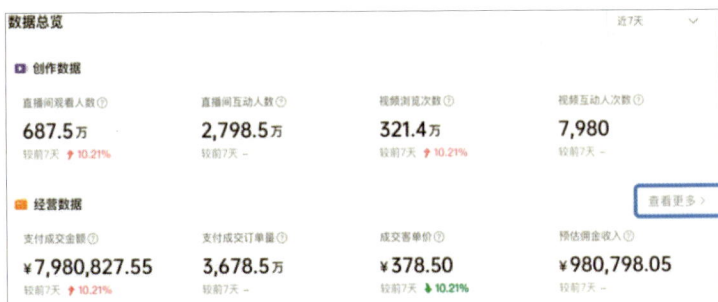

图 11-3

11.2.2　灰豚数据：数据资源丰富

作为一个专业的短视频数据分析平台，灰豚数据既可以查看单个抖音号的数据以及运营情况，也可以针对某个视频进行数据追踪，让用户了解视频的传播情况。此外，灰豚数据还可以查看热门视频及其带货情况等。

　　如图 11-4 所示为灰豚数据平台中用户的数据概览情况，通过线状图的形式让用户能够直观地了解到自己视频、直播粉丝的增量情况。

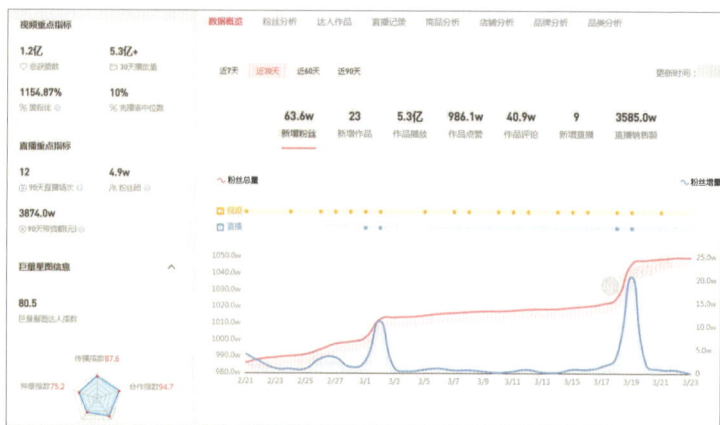

图 11-4

　　此外，灰豚数据还提供粉丝分析数据，包括粉丝列表画像、直播观众画像、视频观众画像、粉丝群等，如图 11-5 所示。

图 11-5

　　值得注意的是，灰豚数据还会针对达人的作品进行分析，图 11-6 所示为灰豚数据达人作品分析情况，其中包括作品列表、创作分析、作品日历。

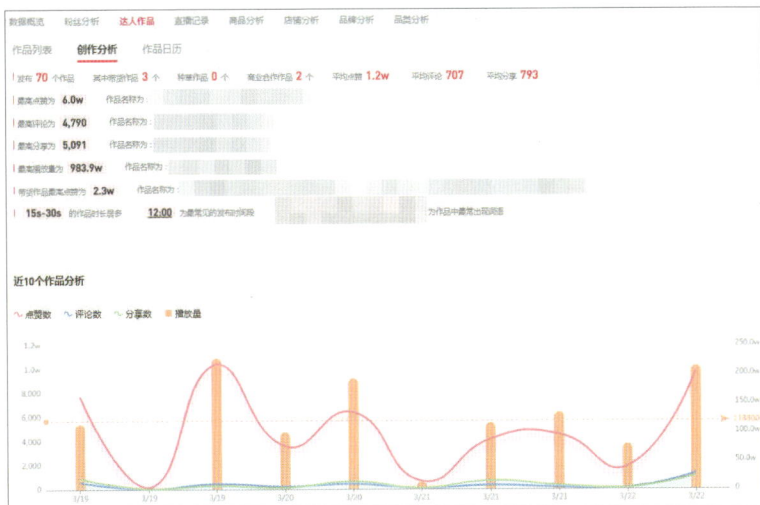

图 11-6

11.2.3 CC 数据：数据维度清晰

CC 数据平台融合了众多的社交媒体营销情报，包括抖音、快手、微博、B 站等多个平台，达人数据、商品数据、直播数据一目了然，让商家、达人能够清楚地了解到自己直播的运营情况。

图 11-7 所示为 CC 数据用户的达人概览，主要包括达人的信息、数据、直播间能力以及达人带货销量趋势等。

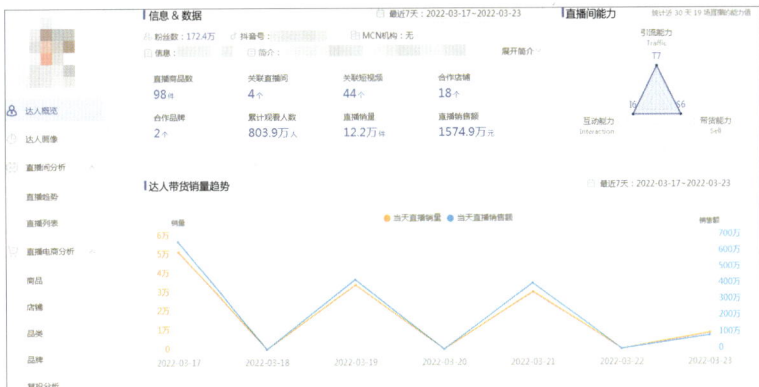

图 11-7

图 11-8 所示为 CC 数据用户的达人画像分析，包括直播观众画像和带货短视频观众画像。

图 11-8

图 11-9 所示为直播列表，显示了达人直播的场次，以及每场直播的时长、观看人数等。

图 11-9

图 11-10 所示为直播趋势，主要展示达人直播的未来趋势，包括数据概览、趋势图数据等，其中趋势图数据包括直播能力趋势、销量＆销售额趋势、在线人数峰值趋势、观看人数趋势、上架商品数趋势、

商品平均单价趋势、销售单价趋势等。

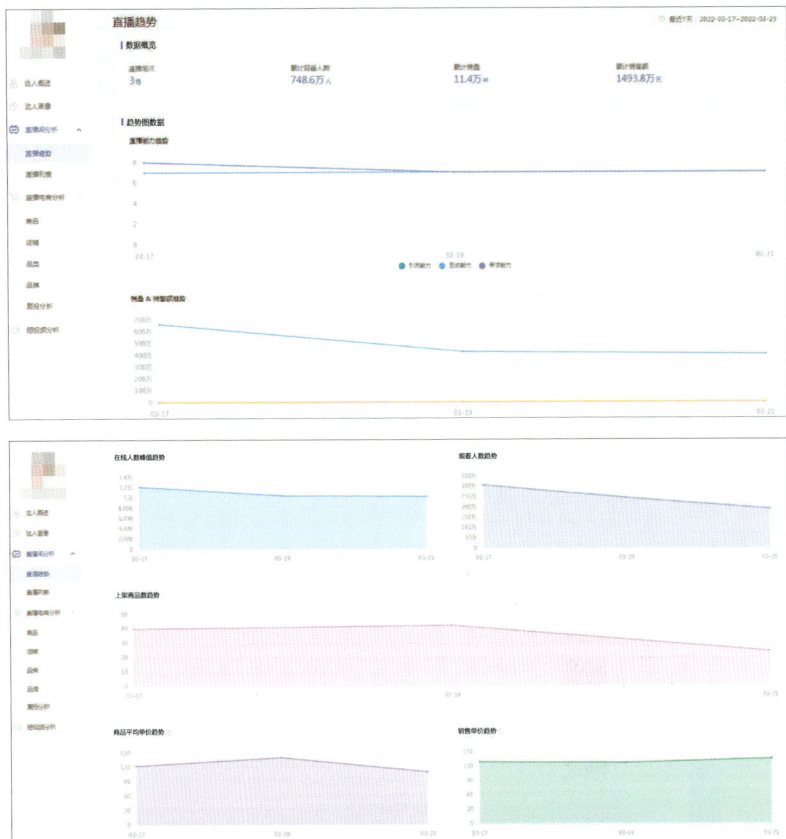

图 11-10

　　值得注意的是，CC 数据还有一个直播电商分析板块，其中包括商品、店铺、品类等数据。图 11-11 所示为商品分析，展现了销量最高的商品以及商品的最高单价。

　　图 11-12 所示为用户的短视频分析情况，直播列表中显示了达人每条视频的在线天数、转发数、点赞数等情况。

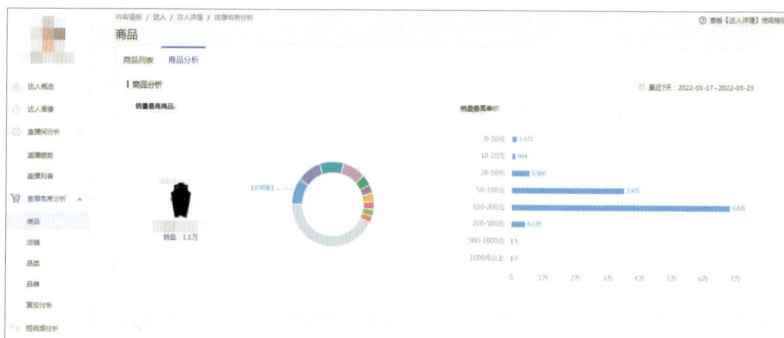

图 11-11

图 11-12

11.2.4　蝉妈妈：数据业务强大

　　蝉妈妈作为一个垂直于全网短视频的数据服务平台，其主要特点是凭借着专业的数据挖掘与分析能力，分析大量热点视频的趋势，进而精准地触及热门视频内容、优质达人账号和爆款视频，帮助各大商家、达人更好地了解市场变化，提高销量。

　　蝉妈妈可以帮助商家实时监控自己和别人的数据，如图 11-13 所示为蝉妈妈平台中个人用户的基础分析数据，其中包括直播概览、视频概览、带货概览等。

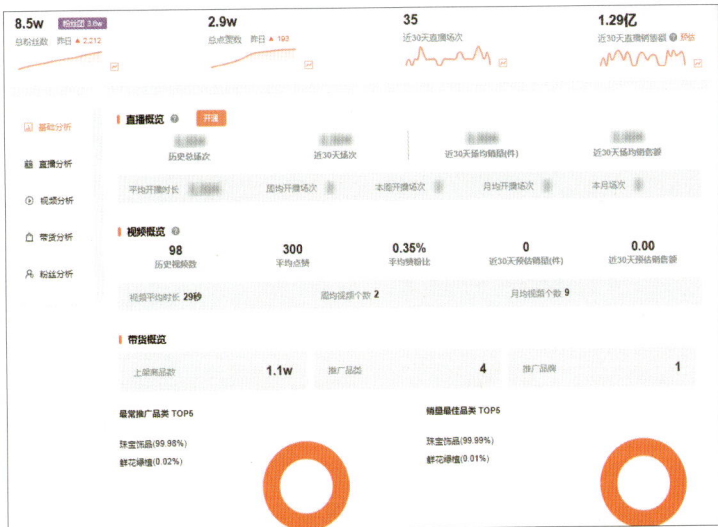

图 11-13

图 11-14 所示为蝉妈妈个人用户的视频分析数据，其中包括视频时长分布、视频发布时间统计、点赞数据、评论数据、转发数据等。

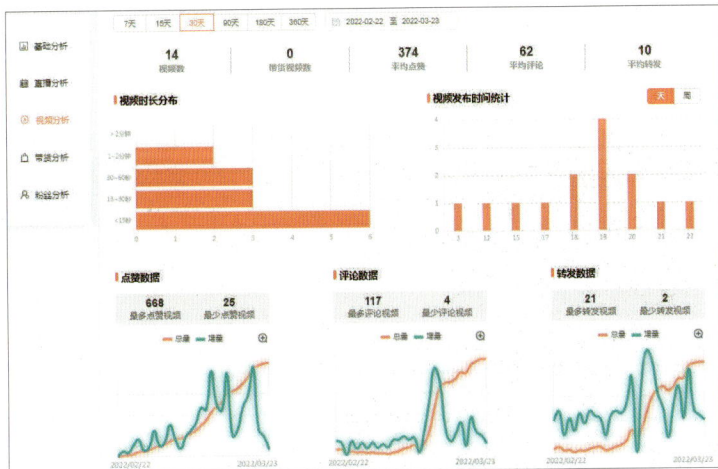

图 11-14

蝉妈妈个人用户的粉丝分析数据包括粉丝趋势、粉丝团趋势、总体粉丝数据。此外，总体粉丝数据还包括账号粉丝画像、视频观众画像、直播观众画像，如图 11-15 所示。

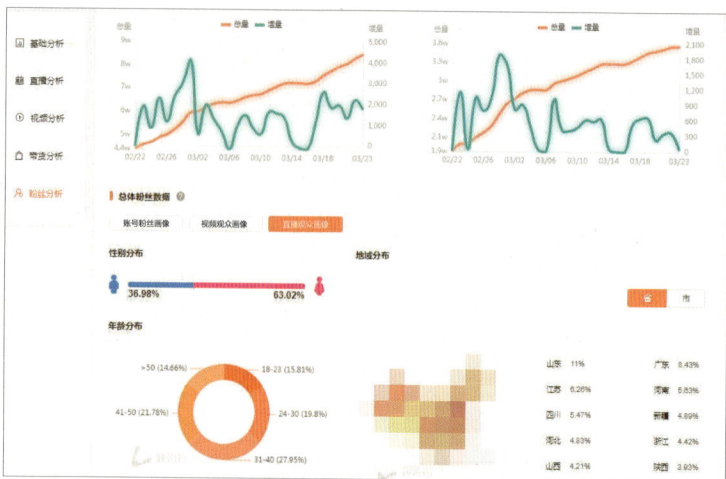

图 11-15

11.2.5　抖查查：多维度数据分析

抖查查能够实时监控直播数据，并提供多个领域的排行榜、行业趋势分析等。此外，抖查查还支持多维度数据分析。

图 11-16 所示为某个用户的平台达人分析，其中包括达人直播带货诊断、达人直播带货诊断报告、带货口碑等数据。

图 11-16

图 11-17 所示为某个用户的达人视频情况，其中包括视频简介关键词、视频数据概览、作品发布时间以及视频时长分布情况。

图 11-17

11.3 直播优化：提升直播间的数据指标

抖音直播可以说是抖音电商的一个重要卖货渠道，不仅完全对接了抖店的电商功能，还为抖音平台上的商品带来了更多的曝光机会。本节笔者将分享一些关于直播优化的方法，来帮助主播更好地进行直播带货工作，以提升直播间的数据指标。

11.3.1 图文吸引：优化直播间的点击率

从整个抖音直播间的用户购物路径上进行分析，可以分为引流、主播吸引力和主播销售能力 3 个部分，如图 11-18 所示。

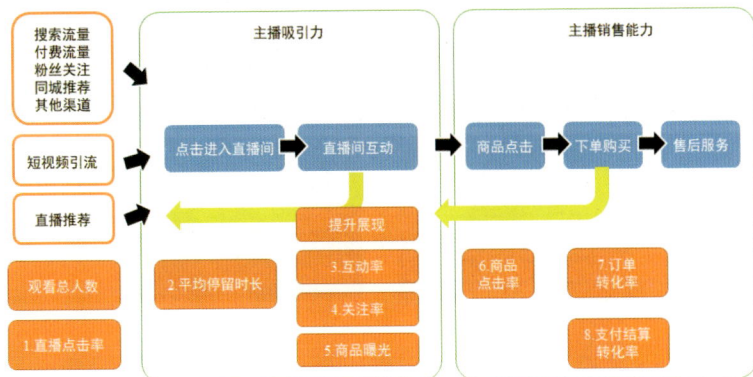

图 11-18

首先，主播要从各个渠道去提升直播间的曝光量，当直播间有了引流的通路后，还需要给用户一个让他点击的理由。在抖音平台上，直播的入口随处可见，如"推荐""逛街"和搜索结果页等界面。有了曝光量和流量后，当用户看到你的直播间时，如何让他们主动去点击进入直播间呢？

点击率是一个非常重要的指标，没有点击率，就谈不上用户的互动、关注和下单了。对于直播带货来说，用户最先看到的是直播间的封面和标题，只要这些内容能够让他们产生好的印象，就能够获得较高的点击率。

下面介绍一些直播间封面的优化技巧。

❖ 版式设计：封面图片的整体版面要饱满，一目了然，商品图片的大小和位置要合适，不能有太多的空白。主播可以从多个角度来展示商品，让用户可以更全面地了解商品。

❖ 颜色设计：商品的颜色要醒目，要有视觉冲击力，同时和背景的颜色对比要明显，不要在图片中添加太多的颜色，否则会显得喧宾夺主，影响商品的表达。如图 11-19 所示，红色的商品与浅色的背景，层次非常分明，能够更好地突出商品。

❖ 符合实际：图片中的商品不能过于设计化，要符合真实情况，同时切忌盗图和照本宣科。

❖ 提炼卖点：在设计封面时，可以将商品卖点放进去，这样能够更好地吸引有需求的用户点击和购买，如图 11-20 所示。

图 11-19

图 11-20

除了直播封面图外，标题和福利对于点击率的影响也非常大。优质的带货直播间标题需要明确直播主题，突出内容亮点。下面列出了卖货类直播标题的一些常用模板。

- ❖　模板 1：使用场景 / 用户痛点＋商品名称＋功能价值。
- ❖　模板 2：情感共鸣型标题，更容易勾起用户的怀旧心理或好奇心。
- ❖　模板 3：风格特色＋商品名称＋使用效果。
- ❖　模板 4：突出活动和折扣等优惠信息。

11.3.2　留住用户：优化用户停留与互动

做直播带货，提升用户停留时长和互动氛围是相当重要的，这些数据不仅可以提升直播间的热度，让平台给直播间导入更多的自然流量，而且用户观看直播的时间越长，就越容易下单购买商品，同时客单价也会越高。提升直播间用户停留与互动的关键因素如图 11-21 所示。

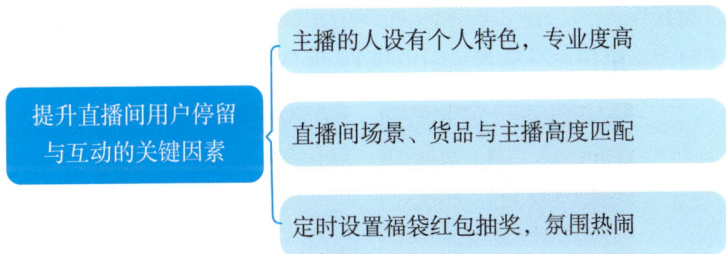

图 11-21

例如，主播可以引导用户加入自己的"粉丝团"，用户可以通过做任务来增加与主播的亲密度并提升"粉丝团"等级，从而获得各种特权奖励，如图 11-22 所示。"粉丝团"是一个连接粉丝和主播的重要功能，是粉丝与主播关系紧密的有力见证，能够有效提升粉丝的停留时长和互动积极性，如图 11-23 所示。

主播可以通过直播间提供的一些互动功能，来增加和用户的互动频率，这样不仅能够增加老粉丝的黏性，还可以迅速留住新进来的用户，同时能够有效引导关注和裂变新粉丝。

粉丝团特权	
Lv.1	获得粉丝团勋章 解锁专属礼物【粉丝团灯牌】
Lv.3	解锁专属礼物【为你点亮】
Lv.5	粉丝团升级信息房间内可见
Lv.7	解锁专属礼物【一直陪伴你】
Lv.10	获得专属粉丝团进场
Lv.12	解锁专属礼物【动次打次】

图 11-22

图 11-23

　　例如，主播可以举行一些抽奖、秒杀或者是买一送一的优惠活动，提升直播间的人气，让现存的用户有所期待，愿意停留在直播间，甚至还可以激励用户分享直播间。图 11-24 所示为直播间优惠活动。

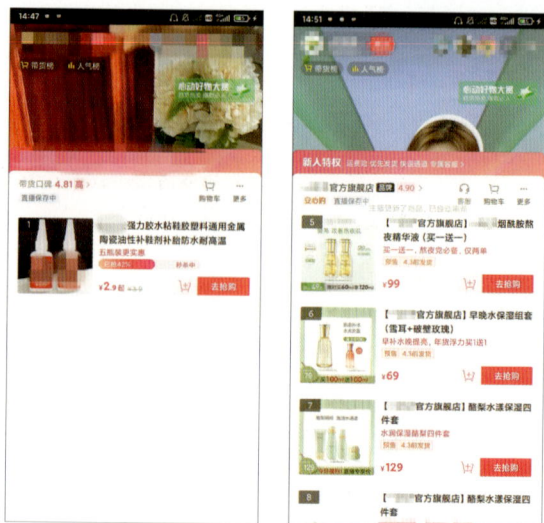

图 11-24

另外，主播还可以在直播间设计一些互动小游戏，来增加用户的停留时长，这样才能有更多的互动、点击、加购和转化的可能，同时还能为直播间吸引大量的"铁粉"。互动游戏可以活跃直播间的气氛，让用户产生信任感，从而有效吸引粉丝和提升商品销量。

例如，刷屏抽奖是一种参与门槛非常低的直播间互动玩法，主播可以设计一些刷屏评论内容，如"关注主播抢××"等。当有大量用户开始刷屏评论后，主播即可倒计时截屏，并给用户放大展示手机的截图画面，告诉用户中奖的人是谁。

主播在通过刷屏抽奖活跃直播间的气氛前，要尽可能让更多的用户参与，这个时候可以引导他们评论"扣1"，提醒其他用户注意。同时，主播要不断口播即将抽奖的时间，让更多用户参与到互动游戏中来。

11.3.3　促成交易：优化带货商品转化率

优化转化率是指当用户进入直播间并长期停留后，如何让他达成更多的成交。主播需要熟悉直播间规则、商品以及店铺活动等信息，这样才能更好地将商品的功能、细节和卖点展示出来，以及解答用户提出的各种问题，从而引导更多用户在直播间下单。

图 11-25 所示为直播间推荐商品的一个基本流程，能够让主播尽量将有效信息传递给用户。

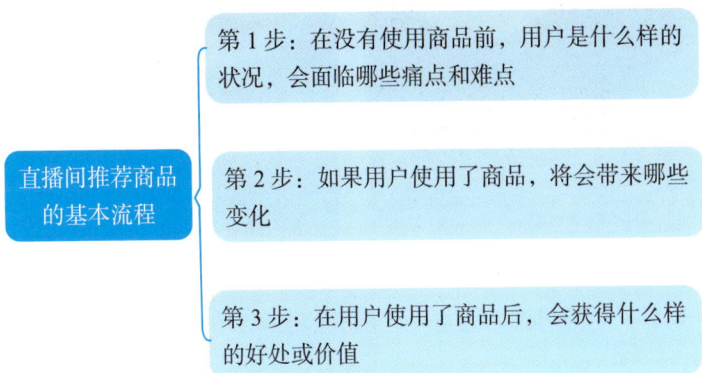

直播间推荐商品的基本流程

第 1 步：在没有使用商品前，用户是什么样的状况，会面临哪些痛点和难点

第 2 步：如果用户使用了商品，将会带来哪些变化

第 3 步：在用户使用了商品后，会获得什么样的好处或价值

图 11-25

同时，主播说话要有感染力，要保持充满激情的状态，营造出一种商品热卖的氛围，利用互动和福利引导真实的买家进行下单。

在抖音的直播间中，用户的交易行为很多时候是基于信任主播而产生的，用户信任并认可主播，才有可能去关注和购买商品。因此，主播可以在直播间将商品的工艺、产地以及品牌形象等内容展现出来，并展现品牌的正品保障，为商品带来更好的口碑影响力，赢得广大用户的信任。

例如，在卖蛋挞商品的直播间中，主播不仅详细介绍了蛋挞的制作方法，还将包装盒拿到镜头前，详细介绍商品的品牌、保质期和厂家等信息，让观众对商品更加放心，增加他们下单的信心，如图 11-26 所示。

图 11-26

另外，主播可以多准备一些用于秒杀环节的直播商品，在直播过程中可以不定时推出秒杀、福袋、满减或优惠券等活动，刺激用户及时下单，提高转化率。

主播在发布直播间的预告时，可以将大力度的优惠活动作为宣传噱头，吸引用户准时进入直播间。在直播的优惠环节中，主播可以推出一些限时限量的优惠商品，或者直播专属的特价等，吸引用户快速下单。

在优惠环节，主播需要做好以下两件事。

（1）展现价格优势。通过前期一系列的互动和秒杀活动吊足用户的胃口后，此时主播可以宣布直播间的超大力度优惠价格，通过特价、赠品、礼包、折扣以及其他增值服务等，让用户产生"有优惠，赶紧买"的消费心理，引导用户下单。

（2）体现促销力度。主播可以在优惠价格的基础上，再次强调直播间的促销力度，如前 ×× 名下单粉丝额外赠送 ×× 礼品、随机免单以及满减折扣等，并不断对比商品的原价与优惠价格，同时反复强调直播活动的期限、倒计时时间和名额有限等字眼，营造出商品十分畅销的紧迫感氛围，让用户产生"机不可失，时不再来"的消费心理，促使犹豫的用户快速下单。

11.3.4　客户维护：优化直播间的复购率

对于那些带货时间长的主播来说，肯定都知道维护老客户提升复购率的重要性。通常情况下，开发一个新客户需要花费的成本（包括时间成本和金钱成本）等于维护 10 个老客户的成本。

然而，新客户为你带来的收入，往往比不上老客户。因此，主播需要通过口碑的运营，做好老客户的维护工作，这样不仅可以让他们更信任你，还会给你带来更多的效益。图 11-27 所示为维护老客户的主要作用。

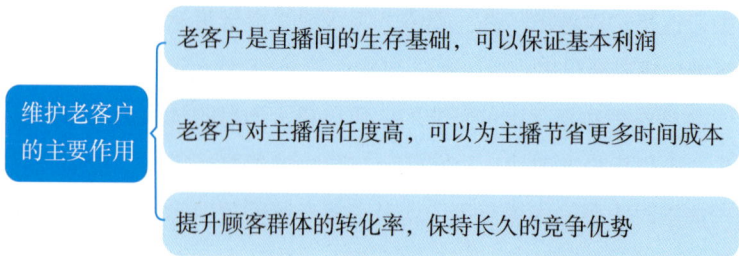

维护老客户
的主要作用

老客户是直播间的生存基础，可以保证基本利润

老客户对主播信任度高，可以为主播节省更多时间成本

提升顾客群体的转化率，保持长久的竞争优势

图 11-27

老客户都是已经在直播间下过单或者熟悉主播的人，他们对主播有一定的了解，主播可以进行定期维护，让老客户知道你一直关心在乎他们，促进他们的二次消费。不管是哪个行业，主播都可以通过快速吸粉引流来短暂地增加商品销量，但是，如果你想要获得长期稳定的发展，并且形成品牌效应或者打造个人 IP（intellectual property，知识产权），那么维护老客户是必不可少的一环。因此，主播需要了解用户的需求和行为，做好老客户的维护，将潜在用户转化成忠实粉丝，相关技巧如图 11-28 所示。

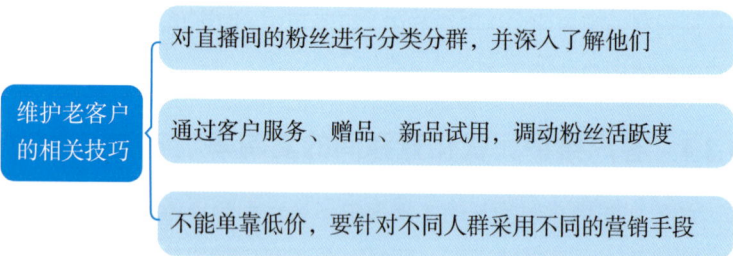

维护老客户
的相关技巧

对直播间的粉丝进行分类分群，并深入了解他们

通过客户服务、赠品、新品试用，调动粉丝活跃度

不能单靠低价，要针对不同人群采用不同的营销手段

图 11-28

抖音的运营重点在于利用各种社交平台，来提高老客户的黏性和复购率，这也是突围流量困境的方式。因为在用户的社交圈中，大家都是相互认识的熟人，彼此的互动交流机会更多，信任度也更高，这个特点是站内流量所不具有的。

在用户社群中，用户的活跃度要明显更高一些，而且主播可以创造与用户对话的二次机会。主播可以使用微信公众号、个人账号、朋友圈、小程序和社群等渠道，对私域流量池中的老客户进行二次营销，提高用户复购率，实现粉丝变现。同时，基于抖音而衍生的抖音盒子，在营销过程中还可以加入更多的社交元素，让商品信息进入用户的社交圈并进行扩散，这对于主播的推广成本有明显的降低作用。

> **特别提醒**　二次营销还有一个更加通俗易懂的名称，那就是"用户经营"，在如今这个新客户占比逐步降低的电商环境下，老客户的重要性日渐凸显。需要注意的是，二次营销必须建立在用户满意度之上，否则将无法提高用户的忠诚度。

第12章

带货玩法：
让直播间的用户
快速下单

主播在抖音直播间带货时，如何把商品销售出去，是整场直播的核心点。主播不仅需要善于和用户进行互动、交流，还要通过活动和利益点来抓住用户的消费心理，从而促使他们完成最后的下单行为。

12.1　直播带货：创建直播间并售卖商品

抖音电商的主要卖货渠道为用户主动搜索、直播间购物车和短视频搜同款，其中直播间的用户下单量是最大的。如今，越来越多的用户习惯于通过观看直播来"发现商品"和"产生兴趣"，所以直播将成为未来电商消费的重要场景与渠道。

本节主要介绍直播间开播技巧和售卖商品的操作方法，帮助大家快速掌握抖音电商的直播带货玩法。

12.1.1　添加商品：直播间带货商品

主播在计算机端后台添加直播商品，可以通过巨量百应平台实现，具体步骤如下。

Step 01 进入巨量百应平台的"直播管理"页面，❶在左侧导航栏中选择"直播中控台"选项；❷在右侧窗口中单击"添加商品"按钮，如图 12-1 所示。

图 12-1

Step 02 执行操作后，弹出"添加商品"窗口，如图 12-2 所示，主播可以在"选择商品"列表中通过橱窗、店铺、定向商品或专属商品等方式添加商品，也可以通过粘贴商品链接的方式添加商品。

图 12-2

12.1.2　管理设置：为商品设置卖点

在直播间添加商品后，主播可以给商品设置内容易懂且有吸引力的卖点信息，不仅可以让商品更好地与用户进行"交流"，还能够有效引导用户转化。如图 12-3 所示，商品卖点会展示在直播间的购物车列表中。

图 12-3

进入巨量百应平台的"直播中控台"页面，❶单击相应直播商品中的铅笔图标 ✎，弹出"修改商品卖点"对话框；❷在文本框中输入15 字以内的商品卖点；❸单击"确定"按钮，如图 12-4 所示。

图 12-4

12.1.3　直播配置：直播间主推商品

过去主播通常都是通过口播或商品讲解卡的形式，引导用户去购买直播间的主推款。现在抖音电商平台推出了"主推商品"功能，主播可以直接添加直播间主推商品。

如果直播间中的商品太多，用户一时很难找到推荐商品，这样会影响用户购买的积极性，此时即可配置主推商品来有效解决此问题。

主播可以在"直播商品"界面中，❶点击"设置主推"按钮；❷选中相应商品（2 ～ 3 个）前的复选框；❸点击"已选 3 个，下一步"按钮，如图 12-5 所示，然后为每个商品设置相应的主推理由并确认即可。

主播在选择主推商品时，可以参考商品的历史销售数据和本场直播的招商选品情况，同时还可以提前策划好主推商品和推荐理由，从而提高直播间购物车首屏商品的转化效果。

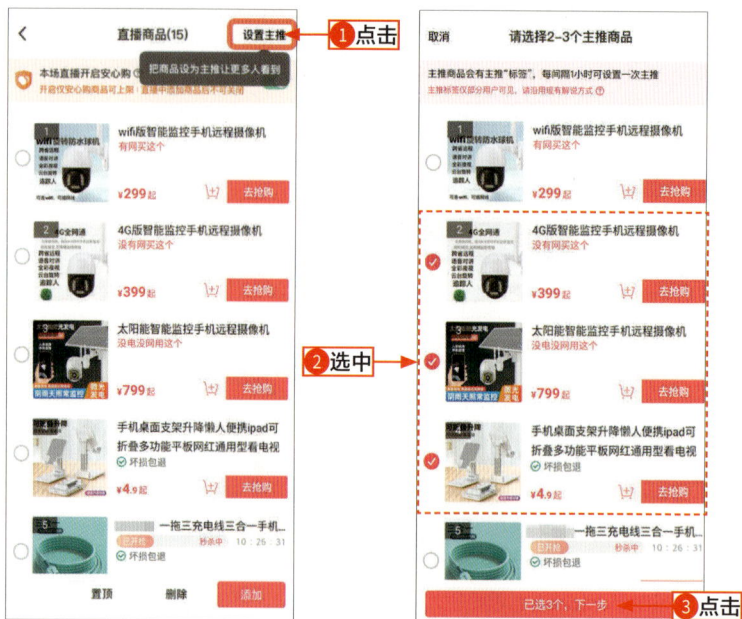

图 12-5

12.1.4　商品讲解：设置商品讲解卡

主播在直播过程中，点击购物车图标，在弹出的"直播商品"对话框中点击"讲解"按钮，如图 12-6 所示。主播设置商品讲解卡后，用户端看到"讲解中"的标签提示，即可了解主播当前在介绍哪个商品，如图 12-7 所示。

商品讲解卡展现一段时间便会自动消失，此时主播可以再次点击"讲解"按钮显示商品讲解卡。当商品讲解完毕后，主播可以点击"取消讲解"按钮关闭商品讲解卡功能。

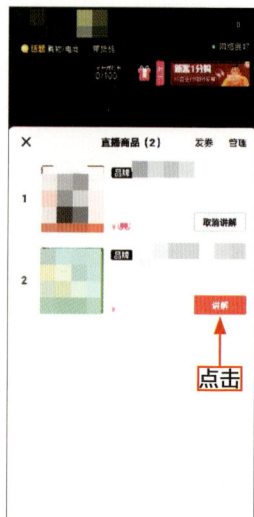

图 12-6

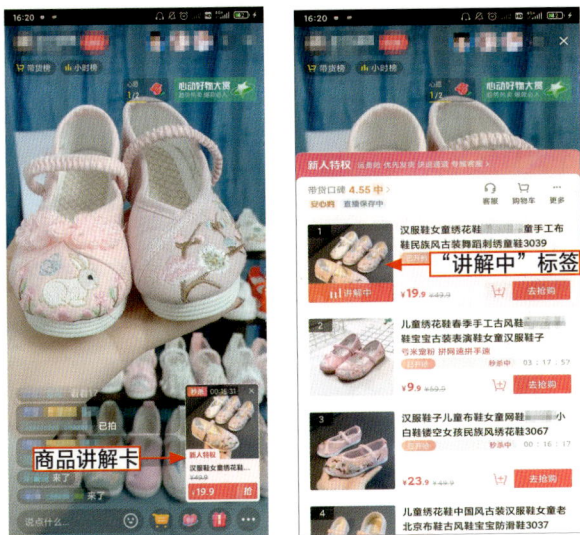

图 12-7

　　另外，主播也可以进入巨量百应平台的"直播中控台"页面，单击相应直播商品卡片右侧的"讲解"按钮，如图 12-8 所示，即可在用户端展示商品讲解卡。

图 12-8

12.1.5　平台同步：显示抖音直播间

　　当主播在抖音 App 上创建好电商直播间并添加了直播商品后，即可将直播间同步展现到抖音盒子 App 上。

主播需要授权抖音盒子可以使用自己抖音账号下的短视频和直播间信息，才能将抖音直播间同步，显示到抖音盒子平台上。图 12-9 所示为同一个抖音账号发布的直播间，其可以同时在抖音和抖音盒子两个平台上同步展示，从而为商品带来了更多流量。

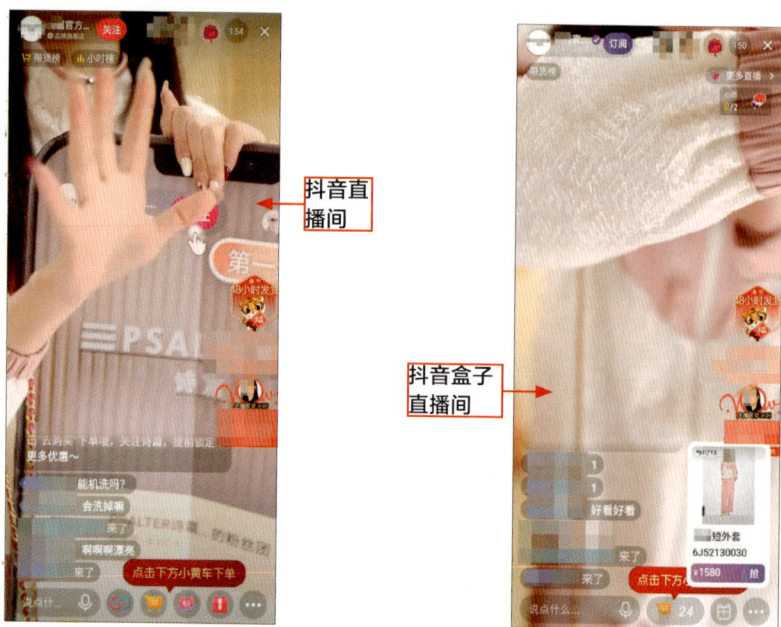

图 12-9

虽然直播内容和带货商品一模一样，但两者的功能略微有些差别。例如，抖音的直播间有"申请连线"功能，用户可以向主播发起视频连线或语音连线。抖音盒子的直播间则比较简约，只有基本的购物车和礼物功能，更像是一个电商直播间。

12.2　全新玩法：提升直播带货的转化率

在抖音平台上，想要打动直播间观众的心，让他们愿意下单购买商品，主播需要掌握一定的直播间商品售卖技巧。本节将分享一些关于抖音电商平台直播带货的全新玩法，来帮助主播有效提升直播间的带货转化率。

12.2.1　榜单排名：进入直播间带货榜

在抖音移动端的直播间左上角可以看到一个"带货榜"的标签，点击该标签，如图 12-10 所示。

在弹出的"带货榜"列表中，即可查看抖音平台上所有主播的实时热度排名，如图 12-11 所示。主播的排名依据为热度值，是根据当前直播间和小店商品的售卖情况、直播间人气、主播带货口碑等多种指标综合计算得来的，这个榜单每小时更新一次。

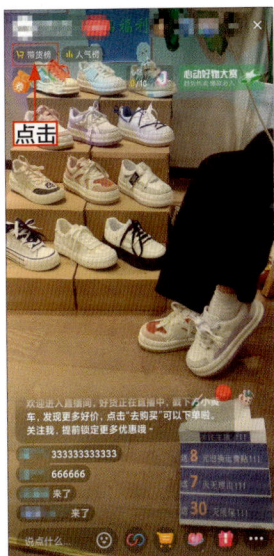

图 12-10

图 12-11

主播在"带货榜"列表中的排名越高，能够获得的曝光机会也就越多，而且还会提升用户对主播的信任度。"带货榜"具有如下入榜门槛。

❖　主播带货口碑不低于 4.2 分。

✤ 主播账号符合平台安全规范，不存在作弊等安全风险。

✤ 直播间在当前小时需添加过购物车并成功售卖抖音小店商品。

12.2.2　直播伴侣：使用绿幕智慧大屏

主播可以使用抖音官方的计算机直播伴侣软件开播，然后使用"绿幕大屏"功能为直播间配置商品背景模板，给用户带来更加专业、稳定的直播间画面效果和更多样化的商品展现场景，从而提升用户的观看体验。

图 12-12 所示为使用直播伴侣软件的"绿幕大屏"功能设置的直播间背景效果。用户进入直播间后，可以通过"绿幕大屏"更直观地了解到商品的核心卖点及价值，从而促进直播间商品的有效转化。

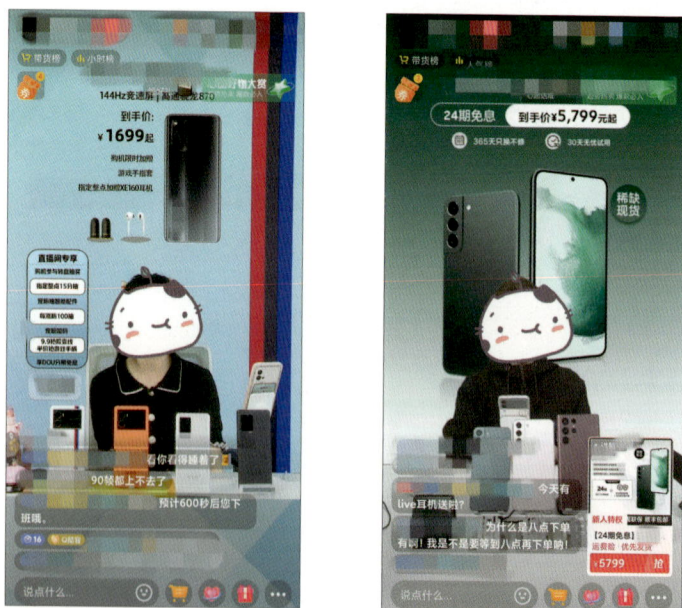

图 12-12

"绿幕大屏"具有成本低、操作灵活、多种使用场景无缝切换等优势，可以用于直播间基础商品的日常推广，或者体现商品在直播期间的活动形式与价格对比，增强促销氛围，让用户对于直播间福利的感知更强。

12.2.3　直播回放：录制商品讲解视频

很多时候，用户进入直播间后可能并不想了解主播当前讲解的商品，而是看中了已经讲解过的商品。此时主播可以录制讲解视频，让用户能够直接观看之前讲解过商品的回放内容。

用户在购物车中看到感兴趣的商品后，可以直接点击商品卡片上的"看讲解"按钮，回看该商品的讲解视频，如图 12-13 所示。

图 12-13

12.2.4　闪购功能：促进买卖快速成交

主播可以通过"闪购"功能在直播间发布非标商品，并向直播间内的所有用户或定向用户发送闪购邀请，促进买卖双方快速成交。

主播可以进入巨量百应平台的"直播管理"页面，在左侧导航栏中选择"直播闪购"选项，进入"闪购"页面，在"新建闪购"选项区单击"全量类型"按钮，如图 12-14 所示。

图 12-14

执行操作后，弹出"新建闪购"窗口，如图 12-15 所示。主播可以设置闪购名称、商品图片（系统会自动截图，注意对准开单卡片和商品）、商品数量、商品价格、运费设置和备注等选项，设置完成后单击"新建"按钮即可。

图 12-15

标品指有规格化的商品，可以有明确的型号，如笔记本、手机、电器、美容化妆品等；非标商品是指无法进行规格化分类的商品，如服装、鞋子、珠宝玉石等。只有平台认可的非标商品类目才能使用"闪购"功能，如珠宝玉石。

12.2.5　评论互动：增强直播互动氛围

作为带货主播，经常会碰到评论言论不友善的用户，此时场控人员如果通过手机端回复评论，则速度非常慢，对于这些恶意评论很难做到实时响应。

当主播想要提升直播间的互动氛围，或者想要告知用户正在讲解商品的补充信息时，可以通过发送评论的方式引导用户进行互动，增加直播间的有效评论数量。评论发送成功后，用户可以在直播间看到以主播身份发送的评论，如图 12-16 所示。

图 12-16

同时，主播还可以将优质评论置顶，可以重点展示用户发表的优质评论或需要用户关注的商品信息、福利。在直播结束后且未重新开播之前，主播可以回看直播间用户发布和回复的评论，能够帮助主播复盘用户的互动效果，为下次开播提供决策参考。

12.2.6　电商任务：加入粉丝团做任务

主播开播后，可以创建一个粉丝团，能够实时查看粉丝团成员数量以及完成任务的人数，后续可以进行粉丝人群运营。粉丝团是专属于粉丝和主播的社区，用户加入粉丝团后可以通过升级来解锁不同的权益和奖励，如图 12-17 所示。

同时，主播还可以开启粉丝团的电商任务，将用户的等级和他在直播间的下单量进行关联，实现用户的持续转化，促进直播间 GMV 的提升。主播开播后，❶可以点击 👏 图标；❷在下方弹出的对话框中的"任务进度"选项卡中启用"开启购买商品任务"功能，如图 12-18 所示，用户端即可看到电商任务。

图 12-17

图 12-18

电商任务可以为直播间中的高付费用户提供明确的升级路径，帮助主播快速识别具有消费能力的粉丝并引导粉丝下单，有助于提升后续的粉丝运营效果。

12.3　直播带货：提升直播间的转化效果

很多商家或主播看到别人的直播间中爆款多、销量好，难免会心生羡慕。其实，只要你用对方法，也可以提升直播间的转化效果，打造出自己的爆款商品。本节主要介绍直播带货常用的促单技巧，让用户快速下单。

爆款是所有商家追求的商品，显而易见，其主要特点就是非常火爆（即受欢迎），具体表现为流量高、转化率高、销量高。不过，爆款通常并不是店铺的主要利润来源，因为大部分爆款都是性价比比较高的商品，这些商品的价格相对来说比较低，所以利润空间也非常小。

12.3.1　抓住痛点：打造用户渴求的商品

直播带货主要是通过主播介绍相应的商品来吸引用户，但是长时间的讲解这种单一的形式会让用户觉得无聊，这时主播便可以抓住用户的痛点，打造用户渴求的商品，来吸引用户的注意。

直播时不要一味地吹嘘商品的特色卖点，而是要解决用户的痛点，这样他才有可能在你的直播间驻足。

很多时候，并不是主播提炼的卖点不够好，而是因为主播认为的卖点，不是用户的痛点所在，并不能解决他的需求，所以对用户来说自然就没有吸引力。当然，前提是主播要做好直播间的用户定位，明确用户是追求特价，还是追求品质，或者是追求实用性，以此来指导优化直播内容。

主播在寻找和放大用户痛点时，让用户产生解决痛点的想法后，可以慢慢地引入自己想要推销的商品，给用户提供一个解决痛点的方案。在这种情况下，很多人都会被主播所提供的方案吸引住。毕竟用户痛点被主播提出来后，用户一旦察觉到痛点的存在，第一反应就是消除这个痛点。

12.3.2　营造氛围：活跃直播间的气氛

直播间的互动环节，主要目的在于活跃气氛，让直播间变得更有趣，避免产生尬场的状况。主播可以多准备一些与用户进行互动交流的话题，如图 12-19 所示。

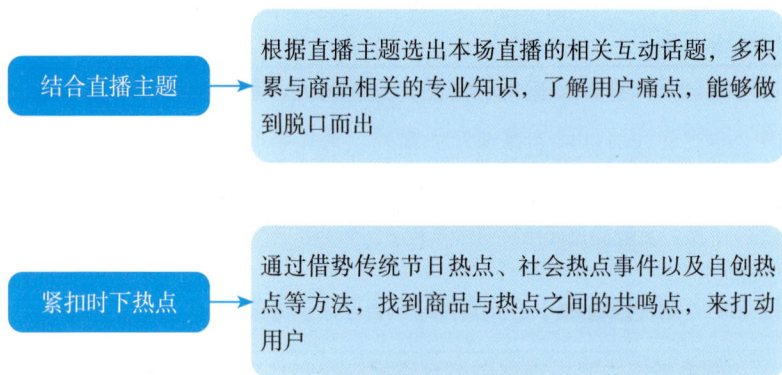

结合直播主题	→	根据直播主题选出本场直播的相关互动话题，多积累与商品相关的专业知识，了解用户痛点，能够做到脱口而出
紧扣时下热点	→	通过借势传统节日热点、社会热点事件以及自创热点等方法，找到商品与热点之间的共鸣点，来打动用户

图 12-19

除了互动话题外，主播还可以策划一些互动活动，如红包和免费抽奖等，不仅能够提升用户参与的积极性，还可以实现裂变引流。另外，主播还可以在助播和场控的帮助下，营造商品的稀缺抢购氛围，提升用户下单的积极性。

1．助播的作用

助播，简单理解就是帮助主播完成一些直播工作，也可以称之为主播助理，具体工作内容如图 12-20 所示。

对于主播来说，助播能够起到锦上添花的作用，一主一辅相互配合，彼此是一种相互依赖的关系。例如，在平台大促期间，当主播的嗓子已经喊哑的时候，助播就要说更多的话，告诉用户怎么领券下单，来分担主播的压力。

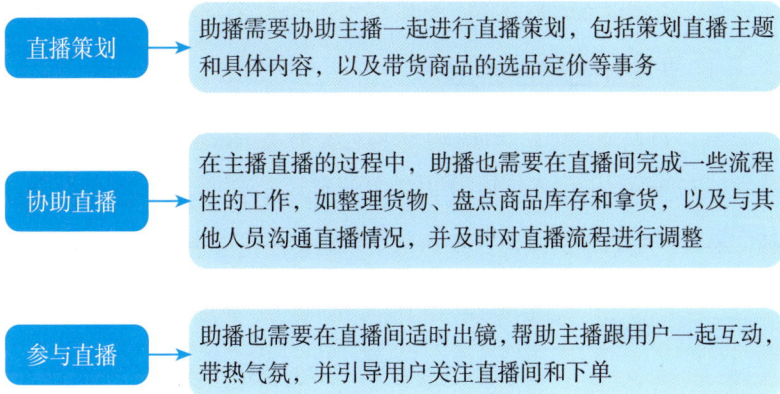

直播策划	助播需要协助主播一起进行直播策划，包括策划直播主题和具体内容，以及带货商品的选品定价等事务
协助直播	在主播直播的过程中，助播也需要在直播间完成一些流程性的工作，如整理货物、盘点商品库存和拿货，以及与其他人员沟通直播情况，并及时对直播流程进行调整
参与直播	助播也需要在直播间适时出镜，帮助主播跟用户一起互动，带热气氛，并引导用户关注直播间和下单

图 12-20

如果主播的粉丝量非常大，达到了几十万以上，而且粉丝的活跃度非常高，此时就需要增加一些助播人数了。当然，一个助播每天也可以通过协助多个主播，来延长自己的工作时间，从而获得更多收入。

2. 场控的作用

对于主播来说，直播间的场控是一个炒热气氛的重要岗位，不仅可以帮助主播控制直播间的节奏，解决一些突发状况，还可以引导粉丝互动和下单。直播间场控的具体要求如图 12-21 所示。

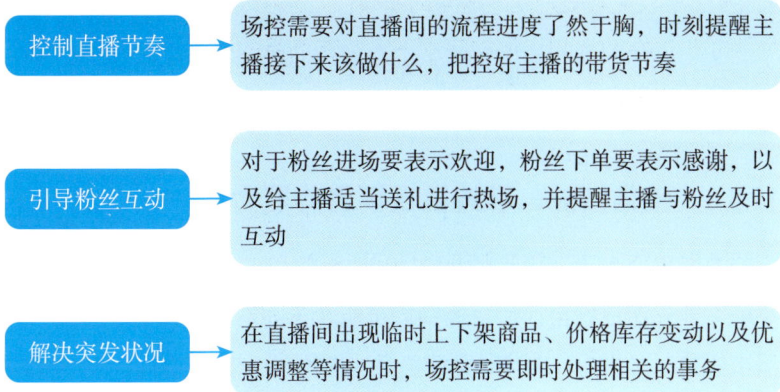

控制直播节奏	场控需要对直播间的流程进度了然于胸，时刻提醒主播接下来该做什么，把控好主播的带货节奏
引导粉丝互动	对于粉丝进场要表示欢迎，粉丝下单要表示感谢，以及给主播适当送礼进行热场，并提醒主播与粉丝及时互动
解决突发状况	在直播间出现临时上下架商品、价格库存变动以及优惠调整等情况时，场控需要即时处理相关的事务

图 12-21

对于一些小商家来说，如果运营人员的时间足够多，同时能力也比较强，也可以由运营来兼任直播间场控一职。

3. 活跃直播间氛围的技巧

在抖音直播间中，主播除了需要充分展示商品的卖点外，还需要适当地发挥自己的个人优势，利用一些直播技巧来活跃直播间的氛围，从而提升用户的黏性和转化效果，相关技巧如图 12-22 所示。

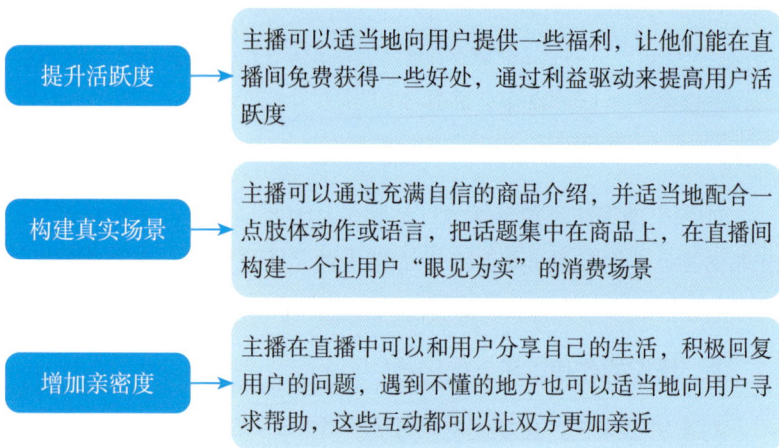

提升活跃度	主播可以适当地向用户提供一些福利，让他们能在直播间免费获得一些好处，通过利益驱动来提高用户活跃度
构建真实场景	主播可以通过充满自信的商品介绍，并适当地配合一点肢体动作或语言，把话题集中在商品上，在直播间构建一个让用户"眼见为实"的消费场景
增加亲密度	主播在直播中可以和用户分享自己的生活，积极回复用户的问题，遇到不懂的地方也可以适当地向用户寻求帮助，这些互动都可以让双方更加亲近

图 12-22

直播带货的关键在于通过营造一种抢购的氛围，来引导用户下单。其实，直播带货的思路非常简单，无非就是"重复引导（关注、分享）＋互动介绍（问答、场景）＋促销催单（限时、限量与限购）"，主播只要熟练掌握了这个思路，即可在直播间轻松带货。

12.3.3　销售技能：掌握直播销售的能力

在抖音平台上，想要打动直播间用户的心，让他们愿意下单购买，主播需要先锻炼好自己的直播销售技能。下面笔者将分享一些关于直播销售的心得体会，来帮助主播更好地进行直播带货工作。

1．转变身份：加快引流速度

直播销售是一种通过屏幕和用户交流、沟通的职业，它必须依托直播的方式来让用户产生购买行为，这种买卖关系使得主播会更加注重建立和培养自己与粉丝之间的亲密感。

因此，主播不再是冷冰冰的形象或者单纯的推销机器，而渐渐演变成为更加亲切的形象。主播会通过和用户实时的信息沟通，及时地根据用户的要求来进行商品介绍，或者回答用户提出的有关问题，实时引导用户进行关注、加购和下单等操作。

正是由于主播的身份转变需求，很多主播在直播间的封面上，一般都会展现出邻家小妹或者调皮可爱等容易使用户产生好感的画面。

当主播的形象变得更加亲切和平易近人后，用户对于主播的信任和依赖也会逐渐加深，甚至还会开始寻求主播的帮助，借助主播所掌握的商品信息和相关技能，帮助自己买到更加合适的商品。

2．管好情绪：提高直播权重

主播在直播带货的过程中，为了提高商品的销量，会采取各种各样的方法来达到自己想要的结果。但是，随着进入抖音直播平台的主播越来越多，每一个人都在争夺流量，想要吸引粉丝、留住粉丝。

毕竟只有拥有粉丝，才会有购买行为的出现，才可以保证直播间的正常运行。在这种需要获取粉丝流量的环境下，很多个人主播开始延长自己的直播时间，而商家也开始采用多位主播轮岗直播的方式，以此获取更多的曝光量，从而被平台上的更多用户看到。

这种长时间的直播，对于主播来说，是一件非常有挑战性的事情。因为主播在直播时，不仅需要不断地讲解商品，还要积极地调动直播间的氛围，同时还需要及时地回复用户所提出的问题，可以说是非常忙碌的，会感到极大的压力。

在这种情况下，主播就需要做好自己的情绪管理，保持良好的直播状态，使得直播间一直保持热烈的氛围，从而在无形中提升直播间的权重，获得系统给予的更多流量推荐。

3. 用好方法：提升直播间销量

直播销售是一种需要用户掏钱购买商品的模式，而主播要想让用户愿意看自己的直播，愿意在自己的直播间花钱购买商品，还愿意一直关注自己，成为忠实粉丝，这些都不是简单的事情。因此，主播需要掌握合理的直播销售方法，这样才能留住用户，提升直播间的销售额。图 12-23 所示为直播带货的商品介绍流程。

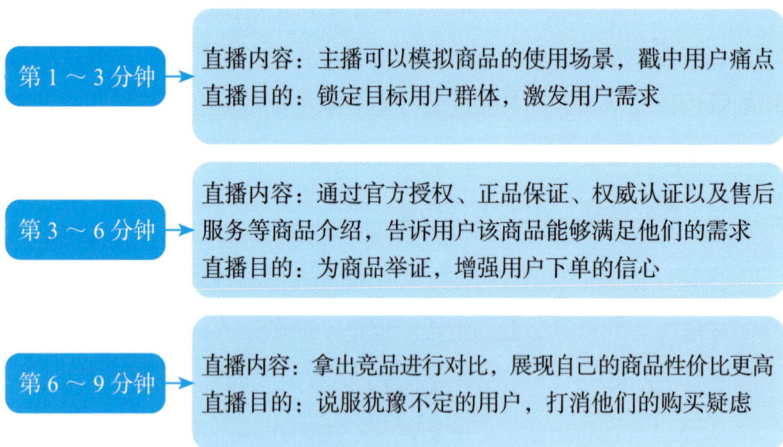

第 1 ～ 3 分钟	直播内容：主播可以模拟商品的使用场景，戳中用户痛点 直播目的：锁定目标用户群体，激发用户需求
第 3 ～ 6 分钟	直播内容：通过官方授权、正品保证、权威认证以及售后服务等商品介绍，告诉用户该商品能够满足他们的需求 直播目的：为商品举证，增强用户下单的信心
第 6 ～ 9 分钟	直播内容：拿出竞品进行对比，展现自己的商品性价比更高 直播目的：说服犹豫不定的用户，打消他们的购买疑虑

图 12-23

12.3.4 裂变营销：增加直播间的下单量

在抖音平台上，除了自然流量和广告流量外，平台还推出了一种新的裂变营销工具，即通过直播间互动（优惠券）来刺激用户进行私域分享，快速炒热带货氛围及提升人气，给直播间带来流量和提升GMV。下面介绍设置裂变营销活动的操作方法。

进入"抖店"｜"营销中心"页面，❶在左侧导航栏中选择"营销工具"｜"裂变营销"选项；❷单击右上角的"立即创建"按钮，即可创建裂变营销活动，如图 12-24 所示。

图 12-24